U0141976

文學叢刊

伯元吟草

陳新雄著

文史哲出版社印行

國家圖書館出版品預行編目資料

伯元吟草 / 陳新雄著 -- 初版 -- 臺北市 :文史哲, 民 89

面 ; 公分（文學叢刊；108）.

ISBN 957-549-294-3 (平裝)

851.486 89009353

文學叢刊 ⑩⑧

伯元吟草

著者：陳新雄
出版者：文史哲出版社
登記證字號：行政院新聞局版臺業字五三三七號
發行人：彭正雄
發行所：文史哲出版社
印刷者：文史哲出版社
臺北市羅斯福路一段七十二巷四號
郵政劃撥帳號：一六一八〇一七五
電話 886-2-23511028 · 傳眞 886-2-23965656

實價新臺幣六二〇元

中華民國八十九年七月初版

ISBN 957-549-294-3

伯元吟草

潘重規署

題伯元吟草

贛水濱矗鬱孤臺其勢遠矚千里之江山行人多少淚心存魏闕北望極幽燕一自桑梓來海外歡寄塊壘詩萬篇鼻吐慨抵掌酒澆不論錢少年意氣席不暇暖倥傯侶詩朋長鯨百川三徑荒蕪歸去來歸來西江有石田天下滔滔鹿已死青山一髮墮飛鳶東坡長年伴諸黎自得之趣适自全海色青天日杲杲淵明一集千萬年

己卯小春龍眠雨盦汪中拜藁

作者夫人葉詠琍教授山水畫

作者夫人葉詠琍教授山水畫

黃州東坡赤壁

全家福攝於楓林別館

休 閒 生 活

贛州蘇陽夜話亭

與李添富攝於武昌黃鶴樓

贛州鬱孤臺辛棄疾塑像

與孔仲溫李添富同攝於岳陽樓

泰　山　頂　上

北京天安門

萬 里 長 城

北京大學蔡元培塑像

西　湖　蘇　隄

徐州燕子樓

鴨綠江畔

加拿大路易絲湖

美國費城自由鐘

加拿大不列顛哥倫比亞大學民主女神塑像

加拿大溫哥華島

伯元吟草序

吾聞之：昔人有言，誦其詩，讀其書，不知其人可乎？余於此略加介紹焉。陳君伯元，原籍江西贛州人也。其爲人也，從善如流；其爲學也，鍥而不舍。初來臺，考入國立臺灣師範大學，畢業後，復進入該校研究所，進修碩士，而以《古音學發微》一文，掇取巍科，榮獲國家文學博士學位。至是教授上庠，蜚聲國外，時復受邀於大陸，遍遊名山大川，所至有作，以紀其盛。故伯元以音韻、訓詁名家，餘事則見諸詩詞，其所作《伯元倚聲·和蘇樂府》一集，余嘗榮獲先睹之樂，並謬問序於余而付梓矣。伯元之詩，數倍其詞，命其名曰《伯元吟草》，因門人堅請付印，已允其請，仍復問序於余，故不得不勉爲其難耳。綜伯元之學，其衣缽之傳，得諸瑞安林尹、婺源潘重規、高郵高明三君，已而潘君赴港，高君專任政大，故以林君培植爲久且多，而臺灣之有經學，亦隨三君渡海攜來也。蓋三君皆親炙於黃氏季剛之門，潘君更蒙東床之選；而黃氏又爲餘杭章氏之入室弟子，獨傳依缽，章門五千弟子中，無出於黃氏之右者，其次則錢君玄同也。此乃當章黃猶在時之公論，亦余所親聞於黃先生者也。其傳統上溯乾嘉諸子，以達明末顧氏亭林，而「博學於文，行己有恥」八字，即成此派學人之圭臬，奉守而弗渝者。由此上承漢儒鄭康成、許叔重二子，一脈垂傳，至於三君，而傳於陳伯元矣。伯元既以經術之師承，餘事發爲文章，見之詩詞，亦斐然可觀矣。嗟乎！國家多難，幾度播遷，文化之劫，列於坑火，而聖學終於不墜，屹然薪火相傳，繼繼承承於臺灣師範大學者，三君主持創始之勞，不可忽也。不然則簡體代興，二三十年後，所有中國文史之藏，惟有束之高閣，作古物陳列，供人觀賞，亦無人能識得一卷，甚或認爲舊時文史之中，暗藏封建毒素，勿寧付之一炬，以絕根株，於是乎中國文化根源，從此絕滅矣，豈不痛哉！

或有問於余曰：「吾子嘗標榜經學，敢問經學何學也？」余答曰：「君問題過大，淺識難作圓滿奉答。惟有以聞諸博雅深識之士所告之言以爲對，經學者，孔子所布張六籍之學也。後世尊稱之爲六經之學也。其學爲中國數千年來賴以維持數億人爲一家，共生、共存、共團結、共進步、共患難而不墜寶典也；亦即中國之獨有民族精神及民族文化，可以克服萬難，化險爲夷，永存而不可廢之紀錄也。余所不及知者，謹舉太炎章先生之言以明之。太炎先生云：『布張六籍，令人知前世廢興，中夏所以創業垂統者，孔氏也。六籍既定，民以昭蘇，不爲徒役，九流自此作（諸子之先河），世卿自此墮，朝命不擅威於肉食，國史不聚殲於故府，故值諸夏之亡，雖無以立，而必有以斃也。不曰賢於堯舜，豈可得哉！」（見蘇州國學講習會紀錄，集爲小冊，分經史子集四部分。）由上可知，六藝之所謂經學者，其功效所及，普及文化政事，無所不包，惟有以其『賢於堯舜』四字稱之，此經學之所爲學也，君其謂然乎？」

吾文至此，始發覺伯元之所命於余者，序其詩也。今乃妄談經術，未免文不對題，有辜使命。卻又不然，凡通經術者，未有不工於文學也。通文學必擅詩詞，孔子布張六藝，其見諸《四書》者，歸結弟子所擅要目凡三科，其三曰：「文學，子游、子夏。」又孔子庭訓問孔鯉曰：「學詩乎？曰：未也。不學詩，無以言。」足見孔門重詩，凡通經者，其詩必工，有聖言可證，無待言矣。仲譽不工於詩，無可建白，但每接伯元詩來，其篇章字句，皆有不同進境，近作尤見高雅深醇，愈覺可誦，正不得其解，因思「讀書破萬卷，下筆若有神」之句。因治經學者，必賴博學而有進益，故其詩亦日有進益，如長日加益而人未覺也。茲追憶抗戰西遷時，余於貴州拜識貴陽李氏孝同教授，時任北大教授，暫就國立貴大法商學院院長，因兩家原有世誼，故相見甚歡，把酒無所不談。李氏與任公曾結萬里姻親，其叔李端棻尙書，與任公誼屬郎舅，梁夫人即李尙書之胞妹也。初李端棻以翰林苑編修散館時，考取主差，外放廣東鄉試主考，放榜前發現其中有驚爲奇才者，面試時所問書名及其內容，莫不成誦在胸，對答如流，主考李公自歎其弗如也。問其年歲，則僅十八歲耳。時李公有胞妹，尙待字閨中，因拜托廣東巡撫，代探其是否定婚，知尙未也，喜極而拜，請巡撫作冰人，若好事果成，當由李府送女至粵，完成大禮，天作之合，永結同心，亦千秋佳話也。及至戊戌政變，李端棻已官至禮部侍郎，因與梁氏至戚關係，既未表示斷絕，對新政亦未置可否，因而觸怒那拉女主，被加同情逆黨之罪，革職永不敘用，充流北荒。已而因言官代爲申訴，蒙加恩遣赦回籍，交地方官嚴加看管，李端棻仍嚴守分際，罔慮禍福，怡然以終其身。然自是不入公門，不著公服，不與公宴，不赴婚喪。平時惟與二三好友，飲酒消遣，而不賦詩，毫無怨望言行，故幸而免於禍也。

此一敘述，本與吾所聞李氏所言任公之詩論無關，余今所以不避其多費筆墨，其不惜老病精神者，蓋不如此，又何以說明任公名言之自出，及其有用於伯元詩序之助哉！李教授告我云：「梁先生謂詩之進境有五等級，初級易，以其不通格律，不識氣勢，率臆爲之，故『易』也。二級難，既通韻律，凡爲近體五七律者，必遵行之，雖李杜亦不例外也。若爲古體，雖無定律，以資遵循，然無法之法，其運之妙，存乎於心矣。多觀韓白之作，自然明白，此二級之所以難也。三級易，讀書功深，突破以上困難，自然輕易得之，此三級之所以易也。四級至五級無難易，蓋已歷盡艱難，揮灑自如，情意所至，文亦隨之，此即所謂「讀書破萬卷，下筆若有神」矣。斯言也，余嘗聞諸李孝同教授，轉述梁任公之言，雖不能至，而心嚮往之，迄於今，蓋六十年矣。復觀古來詩人之作品，超乎五級以上，出神入化之多產作家，如白香山、陸放翁者，可以證其言之不謬也。伯元勉乎哉！下走歧予望之！拭目忍死以觀伯元之榮登五級，而余今日附驥之言爲不虛也。是爲序。

中華民國八十八年元月二十二日。

九旬叟古筑華仲麐。

伯元吟草 序

詩自漢魏六朝以降，盛唐杜甫，號稱詩聖。所作化漢魏六朝之英華，變易新體，自琢新詞。趙宋文章之盛，追還三代，而以詩名世者，則爲豫章黃庭堅魯直。眉山蘇氏以天縱之資，其所作如天馬行空，不可羈勒。然東坡與魯直書，極稱道之云：「軾始見足下詩文於孫莘老之坐上，聳然異之，以爲非今世之人也。」又云：「此人如精金美玉，不即人而人即之，將逃名而不可得，何以我稱揚焉。」雖然，山谷由是而得名，天下號稱江西詩派。非軾之稱揚，而山谷之能自立也。東坡嘗書魯直詩後云：「讀魯直詩，如見魯仲連、李太白，不敢復論鄙事，雖若不入用，亦不無補於世也。魯直詩文如蝤蛑江瑤柱，格韻高絕，盤飧盡廢，然不可多食，多食則發風動氣。」發風動氣是東坡愛之而作詼語恢諧，非損之也。山谷瑰瑋之文，冷峭之詞，大篇如〈松風閣〉，今體如〈次韻王定國揚州見寄〉，又〈寄王定國揚州二首〉，紅袖烏絲，即李太白不是過也。其江西詩派之流風餘韻，澤被同光諸老，一似常州詞派之光大于清末民初，光風耀日，何其偉歟！吾友陳子伯元，江西人也。舊學堅實，有乾嘉遺老之風，講聲音訓詁之學於上庠，辨析精微，人皆辟易。中歲復轉而好文學，客寓香江，篤愛東坡樂府，逐調次韻，而一兩年間盡和三百諸闋，非等閒人所敢爲也。伯元與余交久，又皆好飲，酒酣耳熱，意氣開張，見有不平，輒爲髮指，下筆乙乙，鞭擘入裏。詩詠性情，伯元性情中人，余亦荒誕，伯元獨能容我。醉鄉爲寂寞無何有之鄉，踽踽獨行，心常樂之，伯元與我皆能徜徉於是。余不敏不能盡力爲學，每視伯元，心恆媿之。陶淵明云：「本旣不豐，兼老病兼之。」伯元之成就，盡人皆知，不待稱揚，是眞不媿爲西江一脈，浩浩洋洋，吾爲之斂衽贊歎。是爲序。

民國八十八年仲春雨盦汪中拜書

伯元吟草序

同社詩友陳伯元敎授，出身國立臺灣師範大學國文研究所，治樸學，尤長文字聲韻，得瑞安林景伊師眞傳，敏感妙悟，有出藍之目，爲國家博士弟六人。由是執敎上庠，飛聲橫舍，歷任大學中文系系主任，國文研究所專任敎授，奔走南北，坐臯比而講貫，世稱良師，春風化雨，作育英才甚衆。兩岸開放學術交流，參加內地大學學術會議多次，在國內主持學術會議無數次，爲文學學術界領袖人物之一。居諸迭運，寒暑代遷，於今近四十載。

昔賢有言，經學家、樸學家，未有不是辭章家者。證之考亭，以道學家兼文學家，信矣。良以考證義理詞章，三位一體，同體異名，故辭章有賴學識之充實，庶幾有符陸機〈文賦〉之微旨，感於物而本於學，意稱物而文逮意。

伯元治詩，則主東坡，確乎有得，在大學中文研究所博士班開蘇詩專課，在香港浸會大學開左傳及蘇詩專課，因與香港兩代學人，如蘇文擢、黃坤堯諸公，酬唱無虛日。詩名震臺港，時僕主編大華晚報古典詩欄，借光不少。

近代學人金性堯，選注宋詞三百首，評介東坡爲宋之李白，又引司空圖詩品豪放品：「天風浪浪，海山蒼蒼，眞力彌滿，萬象在傍。」謂此種氣象，惟李白與東坡足以當之。僕則以爲不切實際，而神宗有語，比較貼切，《庚溪詩話》載，神宗問近臣，軾可與那位古人比。近臣有云：李白文才頗同，神宗謂不然，白有軾之才，無軾之學，神宗可謂知東坡矣。至金氏論東坡出自己意之風格，盡變唐風，擴大宋詩領域，喚來宋詩自己靈魂，則是卓見。

世之學東坡者衆，或者未得東坡要領，學東坡當知東坡自論。東坡集〈答謝民師書〉嘗云：「孔子曰：『辭達而已矣。』夫言止於達意，即疑若不文，是大不然。求物之妙，如繫風捕影，能使是物了然於心者，蓋千萬人而不一遇也，而況能了然於口與手者乎？是之謂辭達。辭至於能達，則文不可勝用矣。」推此意也，詩不必人人雄渾豪放，高古沈著，要在辭達，意稱物而文逮意。

伯元之詩，確乎有得於東坡，故推倒扶起，無施不可。同輩笑談，或曰淺近，非也。世謂白俗，世又不得不謂白爲大菩薩。明乎此理，方知東坡所謂，夫言止於達意，即疑若不文之意趣。

文學目的，原本在經世教化，感人娛人。果能感人娛人，則經世教化在其中矣。

伯元所作詩，積稿近千，將刻集，函囑作序，作序不敢當，僕與伯元，文字相交，二十餘年，知詩莫若僕，有責任爲之作見證，俾與學院詩壇分享。

羅　尙

伯元吟草 序

余自幼兒，即從先君受書，先君夙好吟詠，每遇詩詞，輒咿唔吟誦不已，受此薰陶，幼遇詩文，即能朗朗上口，吟誦無訛，然何者爲詩，何者爲文，聲律何異？實茫然不解者也。

民國四十二年，余就讀建國高中，取道萬華，乘車返家，時家住鶯歌，盛暑口渴，乃就攤位，購洋桃汁一杯，飲以解渴。至晚腹痛如絞，上吐下瀉，以今視之，蓋食物中毒，殆急性腸炎。當時鶯歌小鎭，醫療缺乏，先君乃攜我往當地野戰醫院求治，醫生新手，未有經驗，誤斷爲急性盲腸炎，妄動手術，而又未見盲腸，匆匆縫合，旋發高燒，傷口崩裂，因轉臺大醫院，醫院一躺，為時三月，雖傷口未癒，而精神實佳。先君見我如此，為排遣無聊，乃購千家詩一冊，令時閱讀，以解煩悶，該冊千家詩，每詩之旁，皆印註平仄。余吟誦之際，忽然體悟，何者為平？何者為仄？無意之間，辨識平仄，詢之先君，屢試不爽。先君欣然，乃詠各詩，令加辨析，悉能聞聲知音，心識差異，毫釐辨析，壹無障礙，人生快事，莫過於此。先君乃令作詩，雖不中理，然平仄無訛，是余讀中學之時，已能辨識平仄格律，具備習作古典詩詞之基本知識矣。

及入大學，從先師瑞安林公景伊受詩，師凡授一詩，必令熟讀，且又因余夙諳吟誦，凡有誦讀，師多指定由余吟讀，無形之中，增加歷練機會。惟其時先師以為學問基礎，首在小學，故以《廣韻》、《說文》相授，欲余先識文字，後通經學，尚無暇以從事詩詞之創作也。惟先師常曰：「在熟練小學過程中，若遇艱難，可稍作休憩，閱讀《昭明文選》與《十八家詩鈔》以資調節，輕鬆情緒。」故在學業完成之前，作詩雖可平仄無訛，然尚不可謂識作詩也。

民國六十四年四月五日，先總統蔣公崩殂，全國民衆哀戚不已。余在師大講授聲韻學，課中提及蔣公崩逝事，諸生乃紛紛要求率同前往國父紀念館謁靈，余亦欣然應允，諸生又以該班導師亦欲一同前往，欲提前於六時出發，其時余夜讀甚遲，早起爲難，乃令諸生先往，我稍後再來。及至國父紀念館，已經人山人海，各地前來謁靈群衆，已將國父紀念館團團圍住，余不得其門而入，徘徊半日，鬱悶異常，思有以排遣之，於是乃作〈恭悼總統蔣公〉一詩，費時一週，始克完成，而完成之後，自認爲平生第一佳詩，乃持以呈先師林公景伊，林公讀後謂：「欲將詩作好，宜多讀蘇東坡詩。」於是退而讀蘇詩，時年近不惑，欲求多讀，如何讀法，方爲多讀，背誦固可多讀，然易記亦易忘；人一能之，己則十之，自屬多讀，故將《十八家詩鈔》中之蘇詩律絕，先按《佩文韻府》韻目分韻，然後作蘇詩分韻類鈔，自上平一東韻始鈔，因手之鈔寫，較目之流覽，速度遠遜，難以相等，即手寫一詩，眼已快覽五遍，以此方法，多讀蘇詩，效果顯著，迨鈔畢下平一先韻後，作詩如有神助，自爾以來，凡余作詩，罕有超過二小時者，語云：「熟讀唐詩三百首，不會吟詩也會吟。」余爲之改作曰：「蘇詩手寫千篇後，心裏無詩也有詩。」此爲余心得之言，願著於此，以告天下之同道焉。

停雲結社，月試一課，古近體詩，皆須練習，余未入社前，未寫古風，自入社後，月試一課，古風近體，兩不可缺，二十年來，未嘗間斷，其鍛鍊之功，功效至顯。夢機社友，學承魚千里，早有詩名，爲引余興趣，時投詩篇，並屬和作，此往彼來，迭爲酬唱，有時疊韻，竟達十篇，則余之賦詩，夢機牽挽之功，蓋不可沒也。歐陽子曰：「詩窮而後工。」余詩雖不工，然其出於窮而作，則有似之者，蓋窮謂無奈，非僅仕途之無奈，生活之無奈亦然。余賦詩之始，適內人赴美進學，夫妻遠別，諸兒相繞，夜幕低垂，熒熒燈光，最足以觸動思緒，激發情愁，於是乃將一切可欣、可喜、可戚、可悲之懷，一一洩之於詩，以排遣其寂寞感慨也。

民國七十一年秋，余應香港浸會學院中文系之聘爲高等講師，系中同仁善詩者衆，若何遯翁、韋希眞、陳耀南、曾錦漳皆其人也，遯翁詩老，與余同鄉，指導後學，不遺餘力，詩篇往返，多承指敎，受益良多。更由諸君之汲引，乃進識香港涂公遂、王懷冰、蘇文擢、文疊山諸詩老，而黃生坤堯亦預其間。其時香港新界，租期約滿，交還中國，理應如此。然港九商界，慮回歸中國，產爲所共，則累代辛勞，盡化烏有，乃有歸還主權，續掌治權之說，醞釀久之，終乃由英相柴契爾夫人往北京與鄧小平等會商，柴契爾在北京人民大會堂內外一跤摔下，主權治權，兩皆烏有，港人惶惶，不可終日，港幣暴跌，百貨騰湧，居此之時，家國之感，尤所縈懷。一年之中，積稿百篇，今刊於《伯元吟草·香江煙雨集》中。民國七十七年，余再履斯土，回歸已定，無可復爭，惟港人治港，法條未定，基本法則，仍多爭論。迨天安門外，民主潮起，士農工商，群起爭權。中臺港澳，歐美日韓，華夏兒女，炎黃子孫，紛起聲援，百萬民衆，街上遊行，處此境況，其有血性，莫不沸騰。凡我華人，莫不以爲中國之自由民主，將畢此一役矣。孰料六四屠城，血染京城，目睹大變，感慨尤多，而皆一一紀之以詩，以洩我心頭之憤也。

大變既平，兩岸交流，學術會議，躬身參與。於是祖國河山，多所歷覽，發軔於五羊，謁黃花烈士，賡跡於惠州，拜朝雲古塚。北起恆嶽，訪古太原，南極深圳，新造名都。三峽縱覽，節灘盡失，五臺瞻禮，寺廟猶存。北京攬勝，古跡鱗比，曲阜縱目，聖學垂訓。登太白山顛，雖未睹乎天池，摩雲南雪嶺，實親抵於虎峽。太湖一瞥，浩汗無涯，洞庭泛舟，君山仍翠。即西子之濱，尋蘇堤之美，抵寒山之寺，撞夜半之鐘。黃浦灘頭，初識滬瀆，觀豫園之擾嚷，覽浦東之新象。玄武湖畔，鍾山虎踞。國父陵墓，巍然獨在，豐功偉績，肅然起敬。匡廬煙雨，章貢合流，鬱孤臺下，雖非衣錦，峰山頂上，實觀八境。家園往蹟，實縈懷於夢想；遊子思鄉，遂縱筆以追思。乍履故土，情緒千端，其中瑣屑，亦難盡述。心中鬱積，藉詩以表，二紀以來，得詩千首。皆所謂情發於中，而形之於言者也。

余賦詩伊始，幾每一成篇，皆持向先師林公景伊請益，推敲字詞，意趣津然，而師開示詩眼，縱談詩法。於詩之虛實相成，有無相生，人我相將，時空相配，正反相待，今古相對之理；及用實辭以茂其華葉，多虛字以通其凝滯諸端，皆娓娓道及，猶懼余不達其旨，於是師凡有作，即以稿相示，所以示余作詩之法也。既讀蘇詩爲之根柢，又得先師爲之指迷，故詩乃稍進，足以與人唱和也。迨景伊師歸道山，失我恩師，求正無從。猶憶民國四十八年秋，余甫自國立臺灣師範大學國文系卒業，先師林公薦之於東吳大學中文系，任聲韻學講席，先師恐余年少氣浮，致失期許。因邀宴同系師儒，以身垂範，協力啓導，俾承先啓後，光耀師門，不墜師學，仲譽師在座焉。自爾以來，余於先生，即等同弟子，先生於余，亦誨勉有加。余之赴港講學也，先生賜函相慰云：「足下淵默自守，落落寡合，性眞學實，皆違時尚。屈子云：『吁嗟乎！誰知吾之廉貞？』感慨愴觸，古今一揆也。弟閱人多矣，聊書所感，以慰遠人。」其關懷矜憐，溢乎詞表，沁人心肺，讀之泣涕。故自景伊師歸道山，先生與余，書翰無缺，近年赴美長住，猶不忘情，批示呈稿，嘗賜函云：「近日復出尊稿，反覆閱讀，寄慨之深，發憤爲作，詩人性情，古今一例，惜旅美天各一方，東西遙隔，不獲把酒傾談，如賜詩中之『春城桃李三杯釅，故國情懷一笑同。』蓋以今日『庸主』、『百僚』之表現，的確『看來在劫如南宋，直諫之言久已空。』在劫已不可挽救矣。尊詩中〈讀王莽傳〉一首，弟最喜悅，其中名聯：『元成世代推心腹，炎漢朝廷變莽新。』不亞於『三顧頻煩天下計，兩朝開濟老臣心。』不徒詩妙，亦恰如其人也。愚謂詩有四境界，初學詩者，不拘體，不限韻，不知詩爲何物，自以爲是，此一階段，大有人在，弟曾諷勸而不蒙採納，即永久不獲進境，不獲自拔，乃至誤人而不自知，此一境界是『易』境。有心人爲求進境，則發奮爲雄，努力由『易』進『難』，此時方知作詩不易，是爲『難』境。眼見他人之苦吟而有奇句，求之而未能，惟有藏拙一途，此弟今日之境界，停留此境而不能進也。如欲求進，則是『難』中求『易』，此足下今日之造詣也。作詩奮進到此，則意到筆隨，揮洒自如，所謂有必達之意，無難顯之情矣。弟此論乃專指作詩之甘苦而言，還需加上個人才秉，倘才學俱備，即劉彥和所謂『學爲盟主，才爲帝師，主佐合德，文辭乃霸。』斯言誠然，自來名家，莫不如此。」因承謬愛，雖爲過譽，然其勉勵之切，則洋溢乎行間也。去歲先生九秩嵩慶，腦力不衰，思慮精純，甫完成大著《文心雕龍要義申述》，聞余《伯元倚聲·和蘇樂府》竣事，乃萬里賜序，今歲復聞拙稿《伯元吟草》即將付梓，又賜長序。蓋余詩稿，每呈請政，醞釀經歷，素所熟知，故能批窾導款，中其肯綮，而期許殷切，尤見深情也。

停雲思舊，溯自戊午，雨盦主社，戎庵輔之，夢機總綰，余司監察，光陰荏苒，瞬滿廿載，而思舊聚會，創作無間，今聞《伯元吟草》刊行，雨盦、戎庵各賜序言，夢機忒謙，以爲《香江煙雨集》已作序言，故不欲複重。爲求其全，乃將《香江煙雨集》何遯翁、汪雨盦及夢機三序移入附錄，以見因緣，並示銘謝。友朋生徒，益見推愛，各賜題辭，此皆聲氣相通，所以相勉者也。潘師石禪，寵錫題簽，沾溉無旣，遂令本集，益增光彩，師友生徒，深情厚愛，均所銘感。是爲序

中華民國八十八年十二月二十二日

陳新雄謹序於臺北市和平東路二段鍥不舍齋

題辭

題伯元吟草

汪中

贛水濱矗鬱孤臺，其勢遠矚千里之江山。行人多少淚，心存魏闕北望極幽燕。一自乘桴來海外，嶔崎塊壘詩萬篇。皐比慨抵掌，酒澆不論錢。少年意氣，席不暇暖，俊侶詩朋，長鯨百川。三徑荒蕪歸去來，歸來西江有石田。天下滔滔鹿已死，青山一髮墮飛鳶。東坡長年伴諸黎，自得之趣足自全。海色青天日杲杲，淵明一集千萬年。

題伯元吟草

張夢機

陶情逸興與詩親。摹月裁雲屬句新。攤卷廿年收海嶽，橫天一筆掃風塵。洗心且更溫書史，力學眞堪挹古春。高詠至今千百首，聲名早接贛江濱。

奉題陳教授新雄兄伯元吟草　張以仁

廿年塵跡記滄桑。宏道人生別有香。親友濡如緣愛重，師生容與見情長。孔仁孟義憐斯土，勝水名山惜舊鄉。胸次總因存正氣，遂令詩格貌堂堂。

奉題伯元吟草　黃坤堯

一集人間憂患多。八方風雪動關河。盈盈臺海相思淚，蕩蕩元音盛世歌。蝴蝶翩飛繞珍樹，蒼鷹盤據鬱崇阿。香江雨過晴方好，放眼春光氣象和。

奉題伯元吟草　李德超

知公餘事好爲詩。二紀韶光志未移。緗帙既盈將結集，梓人剞劂以傳之。書成非欲誇詞筆，興寄還眞見巧思。展卷尙應三復誦，低吟不覺月華遲。

己卯春日敬題　伯元博士鄉長詩集　稼雲弟龔嘉英

文采風流淘不盡，物華天寶耀星辰。鄱湖絕岸波瀾闊，廬阜連峰氣象新。早著賢名精訓詁，高吟偉抱蓄經綸。自從江海雲封後，又見桑田錦繡春。

奉題伯元吟草　韋金滿

陳家自古多才俊，無己能詩無住詞。敦厚溫柔君子教，風流婉約美人姿。疏簾淡月裁佳句，芳草斜陽發妙思。大雅沉淪頻力挽，先芬紹述早心儀。

題伯元吟草

兩紀風雲感慨多。中臺港事費吟哦。伯元小學成名後，復有詩篇價換鵝。

伯元吾兄不惑而後耽於詩，每至一處，每經一事，必有興寄，廿四年來，積稿千餘首，今都爲一集，顏曰：《伯元吟草》。鋟板之前，屬余題語，乃賦此絶以歸之，表傾佩之私也。

己卯三月方鏡熹敬題

蝶戀花．題伯元吟草

林葉萌

多彩韶光多建樹。桃李千千，旦旦滋甘露。墨海明珠光照路。鵬程高處難衡度。　廿四芳齡成砥柱。直立中流，未畏風和雨。拍岸驚濤知幾許。滔滔卻湧雄詩句。

題伯元吟草

黃蓓蓓

時雨西來潤草菲。敢隨清駕詠芳枝。春秋雅操皆投筆，今古幽香盡入詩。夜讀心如滋玉露，朝溫眼若會相知。萬般色彩融新卷，千朵名花韻味奇。

臨江仙．題伯元吟草

黃小甜

蘇子豪情重睹，騷壇重展芳菲。華章流彩映宏微。文星光大地，史冊誌豐碑。筆底風雲潮湧，當今瀚海旌旗。燁然閃爍盡珠璣。案頭尊一冊，自可啓心扉。

八聲甘州·題伯元吟草

李鴻烈

運覃思妙語入聲詩。大筆寫淋漓。看心田百畝，精光一片，花放千枝。不囿蘇黃李杜，淸麗間雄奇。眞有藏山想，好箇癡兒。閱世如棋柯爛，歎英雄星落，來者阿誰。對波瀾翻峽，獨釣豈無悲。我餘生、何堪樗散，期與君、歸唱大風辭。明朝去、玉山高處，鐵笛先吹。

題伯元吟草

陳振寰

香江初識伯元時。已愛迴腸盪氣詩。五柳淸眞由澹泊，東坡恣肆爲才奇。千錘百鍊歸樸質，礪韻琢辭成巧思。二十四年千百首，眞情報與世人知。

題伯元賢姪伯元吟草　　陳金伯

騷音雅集喜新刊。千首洋洋展大觀。一筆通神謳海嶽，廿年行跡付吟壇。同鄉文士誰堪匹，我族詩人子應冠。桑梓巴歌申賀意，蓬瀛春暖馥芝蘭。

題伯元吟草　　邱燮友

不作雅樂作楚聲。慷慨嫉世動人情。三杯酒，一支煙。詩人筆下豈等閒。海峽風雲時變幻，書生報國憑眞言。同儕詩友喜相聚，留取讜論在人間。

題伯元吟草　　尤信雄

活計倚詩誰可親。停雲社裏監察人。瓣香風雅非餘事，肸蠁江西追二陳。

奉題伯元吟草　傅武光

停雲酬唱幾經春。孰似吾師著述頻。含咀風騷窮子史，琢磨聲病接梁陳。傳經原是家風舊，遊藝更徵聖教新。采筆縱橫干氣象，曹劉何止語驚人。

奉題伯元吟草　陳文華

逸才磊落自空群。更向葩騷挹古芬。鏤月精神裁妙句，傷時懷抱託雄文。憶從絳帳聆高詠，未必宇壇無異勳。千首眞堪輕萬戶，雞林聲價動蒼冥。

奉題伯元吟草　文幸福

斐然一曲古爲鄰。合璧鎔金健筆神。萬里河山駐心眼，三餘事業盪煙塵。虬松自踞靑雲壑，蘭蕙相輝綠萼春。實學裁成過千首，薰風如酒飲人醇。

題伯元吟草　陳滿銘

伯雅長傾未醉心。元思萬有日搜吟。詩成千帙追陶謝，艸本新傳播好音。

發皇聲韻有餘閒。詩苑折葩晚更妍。適性添鬚頻中聖，坡公久契益陶然。

奉題伯元吟草　沈秋雄

多少悲歡事，卅年俄已經。商量存古學，吟望藉新亭。雨壓香江暗，雲開廬阜青。瑤章千首在，莊誦有餘馨。

奉題伯元吟草　杜松伯

快筆雄才蘊藻精。詩場酒陣鬥心兵。千篇珠玉涵憂樂，萬卷文章寫性情。三度吟旗銜卮賦，一時義慨鑄新聲。臺員暮靄雲程遠，高詠惟摹別緒縈。

題伯元吟草

丁邦新

伯元吟草行將付梓囑爲題辭不敢方命

莫怨青絲成白髮，深情化作淚中詩。停雲憂世傷家國，隔海懷愁只自知。

君自逍遙我事繁。詩成酒後笑聲喧。東坡綵筆誰能繼，寄望江西陳伯元。

題伯元吟草

梁尚勇

講學在上庠，感時常賦詩。爲能消愁憤，又可慰相知。多年勤寫作，纍篇積盈辭。欣聞出專集，馳賀不敢辭。

題伯元吟草

謝志偉

伯元吟草立新雄。詩禮傳家廿載工。寶島長留忠義氣，香江久豎柏松風。想思魚雁無由寄，兩地詞章一脈通。聚散雲霾浮紀末，炎黃文化幸昌隆。

奉題伯元吟草　高明誠

滿卷珠璣點綴新。欣看吟草燦星辰。輪扶大雅情偏篤，缽響元音意更眞。戛玉千篇才吐鳳，敲金百鍊句驚人。宏揚國粹功非淺，紙貴嵩陽筆有神。

椽筆佳篇屈宋才。斯文啓後惠三臺。陳師原是鴻儒學，吟草今成誨士材。邦國重興雄氣振，騷壇再度筆花開。清新缽韻傳千載，繼起東坡妙句來。

蘇詩輯韻謦書成。吟草宏編啓後生。技擅雕龍詞絕妙，才追繡虎句猶淸。六經傳世存風雅，八德揚名樹正聲。宋豔班香文藻麗，騷人愛國表心誠。

文山正氣賴宣揚。滿目琳瑯氣勢昂。爲讀伯元興敎化，奉題吟艸守綱常。千篇綿繡生花筆，廿載菁華琢玉章。振起風騷留一脈，穎川才子姓名香。

題伯元吟草　　蔡策勳

巨著揚風誰與儔。詩皆絕俗不勝收。高吟詞藻篇篇雅，唱和精華字字優。擲地金聲珠玉富，彌天正氣姓名留。洛陽紙貴雞林重，魯殿靈光化九州。

題伯元吟草　　夏傳才

初逢燕趙訝宏才。千首華章暢我懷。對劍雄關闊心宇，同吟漓水步瑤臺。清詞妙句蛟龍舞，桃李門牆百卉開。寶島遙遙雲海外，先生何日破風來。

奉題伯元吟草　　陳慶煌

音學擘精一代師。槃才人賞和坡詞。青春傳誦詩千首，紙貴洛陽正及時。

敬題伯元吟草　張淑惠

妙筆生花寫好詩。刊行梓版已堪期。春花秋月歌情義，苦辣酸甜入酒卮。墨客騷人同器識，談天道地兩相知。伯元吟草承蘇志，更具精神未少遺。

敬題伯元吟草　林玉蕊

黌門學子苦吟詩。幸得裁成應可期。絳帳春風沐桃李，金言甘露似瓊卮。宮牆萬仞疑難入，宗廟千秋實易知。欣喜刊行夫子志，冰心一片敬相遺。

敬題伯元吟草　張雅慧

師言初識子瞻詩。抄寫神交日有期。筆似行雲建安骨，思如流水醉翁卮。少時訓詁人皆識，近日騷辭衆亦知。吟草刊行時不遠，洛陽紙貴莫相遺。

敬題伯元吟草　孫亮球

周秦古韻到吾師。齒頰含芬鑄雅詩。嘯詠深沈充氣海，吟歌震蕩耀晴曦。蒼松有骨千年翠，白雪明肌萬樹姿。二紀耕耘揮筆下，已留千首告人知。

敬題伯元吟草　金彰柱

閒坐思量欲賦詩。千頭萬緒若抽絲。暮春三月繁花麗，織錦千秋耀後期。句句悉從心底出，章章盡寫衆人知。門生異域不辭遠，爲敬吾師不我遺。

奉題伯元吟草　陳明恩

詩亡已久今重見，雅頌清音韻味長。李杜文章天際遠，春秋筆法劍鋒揚。英聲茂實年年發，白雪陽阿曲曲長。笑傲江湖豪爽氣，時人應解意蒼茫。

奉題伯元吟草

黃蕙心

西江代有人才出，昔有歐黃今伯元。賦就詩篇人共睹，流行學界不須言。

奉題伯元吟草

莊樹渟

拍巖碎浪落天驚。更作啼鶯翠柳縈。莫道春光彈指盡，清詩自解古今情。

采桑子・奉題伯元吟草

何思慧

吾師沈浸音聲久，名震文壇。桃李成園。滿腹詩情賦所安。
昔時吟詠今流世，綺語連綿。新意翩翩。才擬詩仙豈待言。

柳長春・奉題伯元吟草

李鵑娟

三篋懷安，五車長住。新聲吟就閒居賦。談詩屬草筆翻河，慣裁蘇子驚人句。　犀管乾坤，青雲得路。春風化雨曦陽呴。瓊章譽玉國之師，藝林同賀深情趣。

蝶戀花・奉題伯元吟草用東坡鐙火錢塘三五夜韻　陳虹如

明月清風書伴夜。綴玉聯珠，盡轉思成畫。論道談天香吐麝。蘇豪才放奔如馬。　鹿洞鵝湖眞惑也。希聖希賢，知己千家社。亥豕魯魚親校下。杏壇帳暖傳芳野。

水龍吟・奉題伯元吟草用東坡似花還似非花韻　謝雲青

共爲低唱微吟，曲終人散歡不墜。一朝聚首，他年回顧，豈無離思。同醉金杯，徘徊杏苑，夢長難閉。似東坡知己，多情解語，千秋後，音聲起。　每羨淩雲采筆，看高揮、詞情相綴。詩朋酒侶，江山如畫，高吟心碎。滿園桃李，隨公憂樂，長如流水。盡把書中意，相傳不絕，搵英雄淚。

菩薩蠻·奉題伯元吟草二首

賴慧眞

先生文采承天降。賦情述志人人賞。蘇子是才郎。吾師賡舊章。心波常蕩漾。詩卷辭清爽。展翼任翺翔。篇篇分韻香。

杏壇早已聲名顯。才華盛氣流光絢。蘇子是詩仙。翩翩臨世間。先生張墨翰。人見群驚歎。把酒有心傳。陶陶如醉然。

南歌子單調·奉題伯元吟草二首

夏薇薇

一飲千鍾酒，揮毫萬字雄。光風霽月氣雍容。天上謫仙翩若世間龍。

滿腹藏書卷，新詞似月華。風流美譽滿天涯。尤覺凜然傲骨實堪誇。

奉題伯元吟草　　賴玫怡

吾師素日多豪興，曠放高吟意遠翔。邇近欣聞成翰冊，悠悠雅韻更流香。

奉題伯元吟草　　許奎文

先生學富世難求。文采翩翩冠九州。蘇子胸懷眞倜儻，少陵格調自風流。身栽桃李年無數，手寫詩詞日不休。珠玉聲華緣紙貴，名山事業享千秋。

奉題伯元吟草　　吳瓊玫

詩名遠播散芳馨。俊逸超群李杜驚。竹冊雕龍攜采筆，墨池戲水出寒英。清彈幽韻如鶯燕，自寫華章若玉瓊。藝苑流光添古色，高歌吟草更生情

奉題伯元吟草　　呂瑞萍

庭前新桂吐芳蘋。冉冉幽香不染塵。自有高情傳永世，何須更向俗人陳。

減字木蘭花・奉題伯元吟草

清風細細。鴉綠樽前人自肆。筆下千端。麗句新辭動杏壇。先生豪氣。直紹東坡肝膽意。高臥酣眠。腹笥寬時四座歡。

如夢令・奉題伯元吟草　　周美吟

一曲清詞歌誦。吟罷喜憂誰共。試問讀書人，可識笛中三弄。鳴鳳。鳴鳳。今世倚何輕重。

南歌子・奉題伯元吟草　　莊靜茹

孟夏繁花木，晴和送曉風。天南地北喜相逢。隨賞坡公奇采課堂中。一載流光過，裁詩興轉濃。循循善誘樂融融。吟草刊行咸道豁吾胸。

鷓鴣天·奉題伯元吟草

徐信義

篆刻雕蟲壯不為。儒林文苑古相違。人生豈得無情緒，感物傷時且賦詩。通古典，最明師。瓣香坡老煥英姿。吟成秀句三千首，珠玉輝光盡化機。

菩薩蠻·奉題伯元吟草

劉昭明

執經問字思疇昔。絃歌滿室鮫人泣。把酒氣如虹。論詩秋興濃。嶙峋清似玉。麗句傳心曲。才學繼坡仙。文章千古傳。

題伯元吟草

朱靖華

伯元兄學識淵博，才思敏捷，昨喜讀其遍和東坡詞韻大作，今又見其詩之吟草巨秩付梓，欽羨之餘，化用劉協文論，作打油詩兩則，無論平仄，以誌吾服膺之深切也。

其一

設文體有常。變文數無方。自得眞爲貴，敏捷詩千行。

其二

吟詠吐納珠玉聲。眉睫卷舒風雲形。寫氣圖貌隨物轉，屬彩附音心縱横。

題伯元吟草

向光忠

諳通韻律詠豪情。領得風騷墨客傾。恰似蘇公靈性運，連珠雅調遏雲行。

辱蒙惠賜 佳作《伯元倚聲·和蘇樂府》，欣悉《伯元吟草》亦將付梓，恪遵 詩翁雅囑，嘗配黏對，仿爲協韻，擬綴排律：

結袂尋幽國學情。羊年幸識在燕京①。頻遊勝蹟君行健，數訪夷州僕意誠②。正大華廳相論結③，并州晉館共雝鳴④。西湖警語洪鐘語⑤，東港潮聲赤子聲⑥。妙語東坡詞品妙，精雕梓匠韻文精。齊身著作贏嘉譽，滿苑李桃爭豔明。

奉題伯元吟草

施向東

酒闌夜永感相知。猶記江城論韻時。不愧詩壇稱巨擘，豈惟學術是吾師。夢中家國情懷繫，筆下湖山氣象滋。吟稿欣聞珠玉集，迎新世紀讀新詞。

奉題伯元吟草

李旭昇

泰嶽丰姿本有神。縱橫健筆自淩雲。金聲遠振淩江戴，韻和東坡早冠群。

奉題伯元吟草

涂國舩

先生大名震海內，小子今朝始之見。初聞先生說東坡，恍如春風吹吾面。提攜生徒逾萬人，桃李滿園皆俊彥。吟哦辭賦三千篇，四十年間猶不倦。我觀先生大雅作，字若龍鳳筆如椽。或若黃鶴倒飛天，銀魚躍波勁如電。又如橄欖滋味永，亦似七星赭沙硯。一吟我心已摧折，江城梅花舞片片。青山白雲千百變，清詞雅句盡狂狷。更發鞳鞳金石聲，白日鼉鼓羲和援。吾觀自古賢達皆有作。不爲聲名歎世薄。或避迷陽傷足脛，或譏尖尖長嘴雀。五子之歌今傳世，滄浪清濁未乾涸。今世若有采詩人，當爲先生擊木鐸。君不見，石渠閣所藏珠玉皆奧博。先生皓首注蟲魚，白眼人間紫金爵。小子發憤攀驥尾，但愧才疏文醜惡。舜禹何人我何人，沈醉其中有餘樂。

詩酒卅年無敵，春風桃李成蹊。揮灑淩雲健筆，看山採菊東籬。

滿紙蒼然顏色，此心明月先知。大雅廟堂應薦，重吟若有所思。

奉題伯元吟草　陳姿丰

吾師傾慕東坡志，復有憂時工部哀。滿腹柔情宣意趣，恢天器識瀉橫才。書成古調騰丹冊，吟就新詞飲綠醅。隻字片言皆合度，斐然文采妙心裁。

奉題伯元吟草　陳耀南

贛江能振潁川風。新變舊通信代雄。聲韻早徵劬學早，詩詞近服茂才工。蓬山香海文章顯，尊傅愛徒道義崇。營構更從拈筆悟，十年全集和坡翁。

奉題伯元吟草——隨侍登臨黃鶴樓　李添富

隨侍登臨黃鶴樓。憑闌駐目眺雄州。烏林祭酒周郎笑，赤壁橫舟蘇子儔。九曲亭邊歌拗句，松風閣上賦新愁。思吳望楚情猶切，攬勝觀風興未休。

奉題伯元吟草　陳靜瑩

吾師素慕東坡學，骨鯁襟懷豈易移。感物抒情心雅淡，關時論事意奔馳。高才一縱凌雲筆，浩氣咸成絕妙詩。興起吟哦清似雪，浮名視若細塵卑。

奉題伯元吟草　林慶勳

几席追隨三十載，修身治學路無迷。吾師歲歲鋪新曲，桃李欣欣隻手提。

奉題伯元吟草　　李澄美

鑽研小學比東坡。鐵畫銀鉤足換鵝。沐雨櫛風常自樂，鎔經鑄史喜高歌。尊師重道虔誠極，處世爲人吉卜多。默默甄陶英雋士，相期一統氣平和。

奉題伯元吟草　　廖學隆

吾師音韻久專精。研誦詩詞分外明。群怨興觀居易事，悲歡離合子瞻情。清談出手常千字，樂道傾觴應百觥。司掌停雲御史職，權衡事理自公平。

奉題伯元吟草　　張鳳翔

吾師壯志似天高。誦習蘇公氣自豪。鐵板銅琶化桃李，賦詩相勉爲吾曹。

奉題伯元吟草　　曾志峰

吾師自許東坡志，凜凜高風萬丈虹。怒罵當朝多佞幸，欣看今世一精忠。寧爲硬頸棲桐鳳，不作磕頭擣蒜蟲。若使人人能效法，何須日日懼兵戎。

奉題伯元吟草　　廖怡蘋

可比東坡才傲世，徘徊三嘆已詩成。不停披讀頭風癒，詠誦如聞擲地聲。

奉題伯元吟草　　姚榮松

問學追陪眞積久，聲情詁訓轉深沈。吾身幸識虔州學，歌詠還當繼德音。

註① 一九九一年夏，海峽兩岸學者聚會於北京，就漢字研究進行學術交流，有幸與伯元教授相識。

註② 一九九三年四月、一九九五年五月、一九九九年五月，余應邀三赴臺灣作學術之旅，有〈寶島行〉三首述懷。

註③　一九九三年春，中正大學主辦第十一屆聲韻學研討會，余躬逢其盛，與伯元教授重聚。

註④　一九九三年夏，余賴山西省教育學院陳茂林院長與王余亮副院長鼎力襄事，於太原晉祠賓館主持召開國際語言文化學術研討會，伯元教授與竺家寧教授、陳敏正先生等臺灣學者應邀蒞會。

註⑤　一九九八年春，杭州大學於西湖之濱舉辦古文獻國際研討，伯元教授講演云：「我國科技落後，還可以從外國引進科學技術，語言文字、文學歷史爲我國立國精神之所寄，如果我們不加以重視，發揚光大。則我中華民族將難以卓然自立於世界。」警語警鐘，警衆警醒。

註⑥　一九九八年夏，漢字與文化國際學術研討會於丹東東港舉行，與會學者曾往鴨綠江口觀海潮，伯元教授即景生情，慨然論世，襟懷赤忱。

伯元吟草目錄

卷二

卷十二

伯元吟草

贛縣陳新雄伯元學

伯元吟草卷一

（起民國六十四年四月至民國六十四年十二月止）

恭悼總統蔣公①

廣布仁恩五十年。祥輝長耀史無前。方期旌旆麾京洛，忽震霆雷動地天。萬姓悲同喪考妣，齊心誓必復幽燕。願將今日如川淚，滌淨妖塵慰九泉。

恭悼旨雲師

巍巍夫子莫能名。共許龍頭屬老成。篤學直堪追服杜，宗師眞可紹朱程。才聞絳帳弦歌靜，但見諸生涕淚傾。我哭豈惟門下士，更傷道統失干城。

贈殿魁巴黎

人事紛紜緒萬頭。得時何喜失何憂。花都擪笛聲名遠，石窟窮經歲月悠。絕業自當傳永世，如君應可展宏猷。明年春好歸來後，願解紛絲任我遊。

華岡侍宴景伊石禪仲華三師

蘄春門下士，濟濟滿寰中。我從三師遊，眼界一時空。瑞安林夫子，佼佼人中龍。在手常一杯，萬卷夙羅胸。音韻分輕重，莊老入鴻蒙。談笑舌粲華，氣概最豪雄。婺源潘先生，虎虎又騰風。見善如不及，疾惡莫相容。望之感儼然，即之若春融。雅故昔所諳，衆口稱師宗。高郵仲華師，豹變更無窮。辭章成家數，小學亦宏通。究易談奇法，論禮得要終。舊學翻新日，首應拜此翁。我幸附驥尾，追陪几筵豐。道統當傳世，雙肩責任隆。艱難何足畏，小子氣如虹。願隨三師後，誓必竟全功。

去秋師橘堂贈我有詩敬次原韻答之

竭來吾亦愛吾廬。頗負藏書過五車。最喜遠山眉黛綠，還慚修竹節空虛。推窗見月形常闕，把酒吟詩樂有餘。知我如君時夜話，千杯應可解紛挐。

附・張夢機贈陳新雄博士

京塵應不涴君廬。破寂時來問字車。早識劉熙通訓故，不慚周顗得清虛。檣高豈沒千帆側，槐古誰堪一夢餘。聞說翠嵐濃可飲，何妨薄醉釋紛挐。

贈詠琍

一別音容兩渺茫。海山阻隔路悠長。無邊煩惱盤心曲，午夜思量意自傷。

感事贈夢機

世事翻如一局棋。風雲變幻孰能知。馬傷車折餘殘卒，無術回天亦已而。

與夢機伉儷夜泛碧潭夢機有詩因循未答

近多感觸遂次原韻

碧潭水落石崢嶸。起步艱難舉足驚。豈有蛟龍潛淺泊，且將文字賦新聲。回頭還顧風雲客，炙手徒留夢幻情。最是關心唯一事，與君持酒剝花生。

附·張夢機碧潭夜泛同伯元作兼似錫勇

睡山潑墨暑風清。沙渚眠鷗了不驚。燈火雙橋娟夜色，煙波一櫓答灘聲。人同魏晉之間士，詩得塵埃以外情。交契桃花千尺水，聊將樽酒樂平生。

再和夢機感近事疊前韻作

青蠅盛暑又營營。遍集樊榛觸目驚。陶隱原無從俗韻，禰狂方作罵曹聲。榮枯細想都如夢，聞默均由不繫情。得酒能歡愁底事，清溪一櫓覺涼生。

附・張夢機感近事再疊前韻奉呈伯元

秋邊夏木失崢嶸。偶念榮枯更一驚。短桂經霜高過屋，落花委地不聞聲。紅塵插足終須悔，綠蟻分香最有情。對汝吟牋追舊夢，芸窗忽覺水風生。

邀履安兄夜飲賦呈

學長群中最折心。翩翩風範夙年欽。題詩眞有生花筆，接客還存倒屣忱。直欲同歡同聚散，何須自苦自浮沈。樽前且滿新醅酒，一夢醒來萬事歆。

附·汪中伯元學長招飲賦詩遂次原韻書祈兩政

苔岑相契結同心。雅令經筵各爾欽。潭水桃花追宿昔，高樓投轄豁襟忱。學優聲遠飛鴻漸，世季塵勞渾陸沈。但學陶公能飲酒，遑論千載德猶歆。

顏生崑陽贈我有詩次韻答之

蟲魚草木久爲群。騏驥驊騮昔所聞。海闊固能容衆水，氣豪猶欲擊塵氛。瑜瑕入目渾難辨，清濁留心應可分。今讀君詩芳靄靄，嶺頭尚自有停雲。

附·顏崑陽有感賦呈伯元夫子

大翼摶風久失群。塵埃萬象不堪聞。欣從桃李收春訊，笑問燈書酬夜氛。凌壁高蝸終不悔，充倉壞米固難分。人間只合痴人住，一夢高低即水雲。

結婚十二週年感賦二首贈詠琍

愛情奇妙共誰知。愛到深時竟自癡。衣上淚痕詩裡字，斑斑點點盡相思。

十二年來恩愛深。者番遠別感難禁。他鄉雖好終爲客，永夜無眠共此心。比翼翻成形對影，多情化作淚沾襟。還期早定歸家計，免我中宵夢裡尋。

贈文彬

相識至今十二秋。推心相許每無尤。莫因細故生塵網，攜手還應結伴遊。

夢機子艮碧潭茗叙邀余共往余另有他約不克如會二君各有詩見示遂次原韻六首

清潭水網滿天星。攬勝隨舟入晚汀。重到天台人已杳，劉郎猶自倚孤亭。

爲有新愁憶舊痕。說來猶自欲銷魂。不羈塵網偏貪酒，還覓坡公去歲村。

落日重山布彩曇。羨君攜酒挾雙柑。夜遊秉燭無窮趣，惜未同舟泛此潭。

此身自等是孤崖。百結藤蘿撥不開。一事至今猶耿耿，禪心未覺又秋來。

世事紛紜緒萬頭。無邊煩惱鑄新愁。願隨一葉江心盪，拋卻人間幾暮秋。

秋風拂面感涼颸。想見清潭起碧漪。亭裡烹茶相對飲，憑君高論可裁詩。

剪報寄詠琍

妻送夫來別已難。卿卿別後我何堪。長天明月千秋好，此夜分明影又單。

夢機子頁邀余碧亭茗敘即席成詩三首

詩朋雅興屢相招。也到亭中過此宵。百噫盡隨雲霧散，風清茗洌足逍遙。

兩番待月未升東。只見清潭送晚風。坐對雙橋浮倒影，波粼搖曳萬燈紅。

繁星耀眼眼曚曨。亭上飄來淡淡風。最羨坡公臨赤壁，悲歡盡付笑談中。

蘄兒九歲生日詠琍忘懷蘄兒去信因題

絕句一首

寄上癡兒一片心。娘親應識此情深。晴雲無定飛何處，惟有三更夢裡尋。

夢機子夏煮酒烹茗共邀碧亭夜敘夢機歸作四首謹次原韻

窮途阮籍若何情。酒淺風寒醉不成。願續述懷詩百首，翻為大海響潮聲。

無聲猶有趣中琴。五柳風儀繫夢尋。坐對暮雲千障樹，高山流水共知心。

年來髮為作詩斑。附驥還堪博一歡。追憶螢橋舊風月，豪情雅興兩闌干。

雲遶重山山擁雲。雲山相契兩相聞。願將蘭蕙芬芳氣，共對菁莪著意薰。

附・張夢機碧潭夜話伯元即席成吟子良臨流傷逝歸作四首奉寄

兩年影事小揚塵。才捷憐君屬句成。已遣百噫歸茗啜，翻從字裡聽秋聲。

倚醉江亭水鼓琴。無憑春夢莫重尋。說愁平子多情甚，猶有當年聽曲心。

頻來幽躅損苔斑。閒掬鷗波得暫歡。休問螢橋舊吟座，荒青老翠滿江干。

夕檻高談共水雲。舟人呼棹隔江聞。夜深攜得茶煙去，歸對吟燈衣尚薰。

冬珍談及昔年銀河洞舊遊照片歸檢舊篋感賦一律

漫勞追憶初逢日，風采翩繽幾少年。憐彼青山留舊影，嗟余白髮綴華顚。春雲林下吹殘笛，秋雨江邊攏暮煙。細想昔遊眞是夢，夢回相對兩凄然。

勉諸生

蟲魚草木久爲群。問學還當植此根。藻麗即須明韻律，懷舒應可納乾坤。相如得意淩雲賦，倉頡揚名萬代尊。撼樹蚍蜉何足算，是非留與世重論。

昨夜夢回贛州醒來感賦一律

鬱孤臺上小淹留。往事連番入夢悠。鄉語輕柔頻注耳，故園依舊又經眸。五峰高聳崆峒出，二水中分章貢流。曉漏逼人情歷歷，思量腸熱淚難收。

贈永武高雄師範學院

師門道統欲傳誰。送汝南來復舊規。推律論詩窺密度，窮經解字識通逵。喜君不墜青雲志，陪我同舒昔日眉。撼樹蚍蜉何足算，功成方覺是無非。

遊春用雨盦兄乙卯春與諸子游陽明山觀櫻韻

幾度花開見早櫻。苑邊花影忽陰晴。紅苞半露情何放，綠葉初萌眼又橫。泉水更從孤澗落，鶯聲還作兩頭嚶。東門詩好眞堪樂，有女如雲耀鏡明。

四十述懷

荏苒光陰四十侵。家恩師德兩淵深。養親猶慕曾參志，守道還存顏子心。絕學自當垂永世，傳薪應許有嗣音。開書每見前賢意，俯首低徊幾度吟。

履安兄鯤南之遊賦詩見示謹次原韻兼奉

善馨京鐸二兄

南鯤隨興訪當鑪。杯酒相娛樂自如。紅袖豈堪飛白眼，黃花終見炖鰻魚。遊仙勝事誰能紀，與子偕行意總舒。何日西湖尋舊賞，此生光景不容虛。

附・汪中九月杪將有鯤南之旅賦示伯元兄吟教兼呈京鐸

永武

兩君子

乘興南行問酒鑪。鑪邊賢聖近何如。可能青眼歌紅袖，應有黃花煮白魚。三弄子期邀俊賞，千陂叔度總徐舒。憑欄喚起淩雲意，萬頃風濤誦子虛。

讀東坡天竺寺詩

天竺寺堪誇。山原在我家。蘇公吟疊壁，白傅繪丹葩。故里風光好，詩人唱和嘉。余生千載後，重讀益咨嗟。

子愈過我夜話中宵了無倦意因賦此以贈

夜深欣喜使君來。聯話中宵不覺頹。但願新知能繼絕，容余他日樂千杯。

夢機以碧潭茗座為題限作七絕一首

茗話方濃風露寒。問君何興夜憑欄。欲看天上團圞月，湧入澄江化玉盤。

前題

枕波亭閣尚依然。煙柳漫漫撒一川。如線如絲愁不斷，離人最苦立風前。

去歲十一月十三日余臥病住院醫誤診為

癌大驚一場壯志全消光陰荏苒倏忽經年感賦二律以紀之

去年此日苦熬煎。寒夜淒涼淚泫然。竟有庸醫能劇病，何來妙手可回天。荊妻萬里悠悠隔，稚子三人黯黯憐。坐對殘燈悲瘦影，終宵開眼不成眠。

今年此日去煎熬。百結全消意興豪。每歷杏壇神自若，新歌白雪曲仍高。天將木鐸傳夫子，口述斯文付俊髦。欲與諸君同戮力，滄波萬頃一鉤鼇。

歲暮有懷寄裕康南洋兼呈酒會諸君子

歲暮陰陽催短景，天涯遠客意如何。已摶大翼飛南海，莫道林鳩搶鵲窠。怯酒自憐歡漸少，思君每聚興偏多。佳朋相待歸來日，痛飲千杯樂醉歌。

壽景伊師六秩晉六華誕

廿載追陪笑語親。先生眞是謫仙人。心高日月天增壽，舌綻
風雷筆有神。早歲吟詩明壯志，晚來論道指迷津。請看桃李
隨春發，綠葉成陰拱大椿。

賀居取秀華結婚

七載杏壇勤會面，別來猶復念前程。忽聞鵲噪知佳訊，卻接
君書喜訂盟。易演陰陽成大道，詩敦夫婦詠和聲。題詞祝汝
諧琴瑟，歲月常春爛熳晴。

謝夢機和余讀東坡天竺寺詩再疊前韻

君才實可誇。麗藻久名家。奮舉雲中鶴，來親濁水葩。詩成
珠玉轉，香比蕙蘭嘉。逸足眞難及，低徊獨自嗟。

奉和夢機登辛亥光復樓作三首

黃鶴樓臺已渺茫。武昌山樹枉蒼蒼。遺民淚盡胡塵裡，望斷
煙雲未轉陽。
故園西望海茫茫。不勝鄉愁鬢已蒼。何日雄風能再起，神州
萬姓迎春陽。
苻秦百萬勢滄茫。謝傅東山髮鬢蒼。對陣如棋終屈敵，胸中
固自有陰陽。

附·張夢機登辛亥光復樓

江天寥廓接微茫。薄晚秋崖氣獨蒼。照海繁櫻都謝盡，危樓
一角待斜陽。

壽景伊師六秩晉六華誕詩諸友皆謂原韻難和因不自量力再成一律

念年趨步每相親。木鐸聲揚醒世人。早歲披書無間日，老來

論道自通神。天將大任降夫子，手執明燈照路津。漆圃花開春正好，三千桃李壽靈椿。

再寄裕康南洋疊前韻

歡筵常見虛前席，客子南天興若何。試問蓬萊舊風月，可如星島夜巢窠。醉吟漸覺新詩健，對酒方知樂事多。遠隔重洋魂夢繞，投書相勸速旋歌。

次韻夢機和余追懷舊邦之作

鳳凰淩衆鳥，振翮出塵霄。背負青天日，聲如大海潮。每看詩筆健，方悟水雲遙。詠此酬摩詰，還期一治陶。

附・張夢機奉酬伯元追懷舊邦之作

憐君發高詠，清越入重霄。欲喚匡廬月，來聽鹿耳潮。中原一峽隔，雙淚此身遙。我亦棲遲久，長吟共鬱陶。

贈詠琍美國

贈汝一團絲。聊寄我相思。情如絲縈結，紛紛孰理之。絲如團圞月，照人兩離馳。月亦有時圓，分離無已時。心中情惻惻，欲訴與誰知。夜分常不寐，自顧笑情癡。朔風動地起，相思未能已。恨無雙飛翼，乘風來相倚。孤燈照形影，形常見影喜，結髮爲夫妻，難與形影比。手執管城兄，書此相思字。字常伴妝臺，晨昏得睨視。今人竟不若，思量暗彈淚。夜宿合歡衾，常虛嬌多媚。卿何不東歸。令我獨悽悲。美洲雖云好，豈忍重相違。

夢機以碧潭茗座為題限作七絕一首既復命矣復踵前意敷成一律

風露方濃夜色寒。問君何興尙憑欄。潛心芳茗凝詩思，看月澄江化玉盤。天上雲留橋下影，人間事若水中瀾。雲飛影散痕無跡，瀾靜波平水自閒。

長相思寄詠琍

爲卿歌一曲，相思醉中謳。長相思，在美洲。相隔萬里白雲浮。夜深不寐苦凝眸。窗前風雨飄寒入，衾裯冷冽如水流。恨無彩鳳雙飛翼，遠翥重霄落畫樓。伸手可攬嬌妻之纖腰，俯首低吻紅脣閉眼尙含羞。兩情常繾綣，歲月足淹留。長相思，不到頭。何爲離別心苦常懷憂。思之不見撫之亦無由。亂世人情不滿足，鴛夢雖溫仍欲獨飛訪龍嫪。凄涼舊窠巢，孤鳳悲鳴未已恨悠悠。長相思，自咿嚘。

今冬初雪得夢機和詩次韻答之

涼風帶雨飄。寒夜氣蕭蕭。雪落冬方冷，情凝夢尙遙。身閒詩有味，句秀興如潮。何日相聯唱，吟聲徹漢霄。

附·張夢機雨夜得伯元和詩卽倒次其韻奉寄

偶效顛茶陸，寧同止酒陶。傳詩雙翼在，隔雨一樓遙。法帖閒多味，吟懷晚自潮。料知今夕夢，惘惘出塵霄。②

次韻子貞再過碧潭有感舊事

茶煙相伴對寒汀。往事重談傾耳聽。水部新翻離別曲，好將哀怨訴蒼冥。

與師範大學國三甲同學郊遊作四首

芝山

細雨輕寒濺碎斑。諸君隨我踏青山。盤根老樹槎枒出，石徑通幽身自閒。

惠濟寺

惠濟寺開氣象嚴。善男信女日沉潛。香煙飄緲諸神出，慣看靈籤衆手拈。

電影城

電影城中往事多。斜陽又映舊山河。飄零卅載家何在，西望棲霞疊翠波。

河濱公園

此身幸未老龍鍾。行路還堪繼絕蹤。園裡風光共流轉，諸君歡唱我從容。

壽善馨五十

傾蓋相從意已殷。爾來久已益多聞。共誰交臂論今古，與子投情切樹雲。翠柏長年皆鬱茂，素馨寒夜愈芳芬。等閒細把群生看，眼底英雄有使君。

冬至前夕夢機與師大南廬吟社諸生淡水夜泛
歸作長篇古風見寄余把翫吟誦不忍釋手因用
其意約其詞裁為十四絕句幸勿以蛇足為瞋也

蘆花夾岸晚蕭蕭。風捲凌雲化雪飄。一片茫茫何處是，綿延
直壓淡江潮。

雲潮相接混難知。驀地青冥薄晚移。袖上煙霞猶在目，殘雲
風急傍山馳。

今我重臨古渡津。觀音依舊秀江濱。隨風入耳寺鐘響，萬壑
群山盡慨呻。

諸生各抱五湖心。呼櫂量篙欲共尋。爭詠新詩聲逐浪，江邊
群鷺伴清吟。

紅泥爐火武夷霞。活水銀鐺顧渚茶。更有詩宗把詩種，他年

應可吐奇葩。

千燈燭夜映繁華。東眺市廛耀眼花。八里隔江翻異景，兩三星火照漁家。

誰將濃墨潑山水，染此蒼茫萬古圖。應是天公方得似，濃塗淡抹不含胡。

憐余倚櫓發幽思。侵袂霜寒渾不知。心靜通禪形已釋，無牽無礙豈吾癡。

繁星閃耀挂崚嶒。哀磬喧嘩響迭興。夢逐揚州凄唳鶴，青雲歸去寄風鵬。

東山徐見月攀巔。光照群峰景色妍。想像堯時應已在，萬年彈指幾回圓。

蜀道層雲秦嶺雪，漢關烽燧六朝春。西江牛渚秋高夜，照遍諸般未染塵。今我舉樽還謝月，願君常伴影嬋娟。閨中應許留鴛夢，莫照沙場白骨眠。催醒癡夢轉孤舟。大海茫茫興已幽。回首來時高詠處，長空明月照江頭。爲蛇添足勿吾瞋。聊與詩人發一噸。文字相視情已厚，暮雲春樹意長存。

註①同題曾刊載於民國六十四年四月二十二日《大華晚報·瀛海同聲》版，亦收錄於《先總統蔣公哀思錄》。惟用尤韻爲異，茲錄於下：

廣布仁恩數十秋。祥輝長耀孰能侔。方期旌旆收京早，忽有元戎棄世憂。萬姓悽如亡考妣，一心誓欲翦讎仇。願將無盡傾河淚，滌淨妖氛復九州。

註②夢機此詩陶字失韻，經徵得同意可改二字以代之。

伯元吟草卷二

（起民國六十五年元月至民國六十七年十二月止）

次韻信雄學長重過碧潭二首

東阡南陌且閒遊。落日橋邊繫釣舟。啼鳥一聲呼夢斷，神仙富貴兩悠悠。

獨坐江邊憶舊遊。斜陽偏照昔年舟。山光染黛還如昨，別後天涯夢亦悠。

附・尤信雄重過碧潭

虹橋影畔憶前遊。猶見盛愁舴艋舟。別後明潭春似舊，青山脈脈水悠悠。

病起感贈善馨

病中頻見使君來。沁我絲絲暖意開。雖未焚香編簡筴，情懷已過隴頭梅。

贈殿魁伉儷

蜂忙蝶鬧亂紛紛。底事膏油自爇焚。倘想功成方有德，天空海闊盡晴雲。

樓望

樓對千山更萬山。朝雲夕照彩斑斑。臨窗看慣佳風月，胸次年來自覺寬。

次韻夢機丙辰人日景伊師招飲詩

座上諸君盡逸塵。程門立雪歷年頻。更憐水部成清詠，又獻新詩綴帳春。

廿年相伴識初衷。欲鼓千秋大夏風。萬壑爭流歸巨海，弦歌四起自功成。

狂潮欲倒手親扶。此日黌宮道不殊。且喜蓬萊春正好，還辭
樽酒一杯無。

蓴鱸溫火憶湖鄉。喜見情懷自健強。欲轉東流無盡水，還沖
赤地起奔瀧。

附·張夢機丙辰人日景伊夫子招飲奉呈兼柬同席

千燈畫鼓隔街塵。門掩輕寒細酌頻。遠憶梅花過人日，銜杯
先醉帳帷春。

飲德眞堪沃寸衷。門人清絕水仙風。若推禮分慚才薄，爭及
彭宣與戴崇。

九重日月手曾扶。三十年前才略殊。脫盡浮漚身是海，吟心
翻覺一塵無。

風乾鰻膾話江鄉。壞劫乾坤二紀強。雁蕩可能重侍飲，爲公

高詠壓飛瀧。

附・景伊師丙辰人日適逢立春招飲新雄大成夢機殿魁夢機賦詩因步其韻

卅年不見海揚塵。坐對長天感慨頻。駒隙流光身已老，今朝人日又逢春。

痛飲高歌寫我衷。樽前桃李舞春風。誰知零落棲遲者，尚有詩書業可崇。

禹甸傾斜待挽扶。斯文衰敝與前殊。安危他日終須仗，試問諸君記取無。

倦客難忘是故鄉。頑軀差喜尚康強。明年此日言歸去，結伴同看百丈瀧。

贈夢機用丙辰人日詩韻

豁豁沖懷折我衷。無爭君有古人風。但憑一管生花筆，已壓
彭宣與戴崇。

艮樂有碧潭品茗之作不棄見寄感念昔遊因步
原韻奉酬

長廊椰影憶前遊。屈指韶光二十秋。記否當年時枉駕，每開
天口在高樓。

烹茶細啜在樓頭。玉屑常隨日影流。各抱青雲銀漢志，相期
風雨許同舟。

縱酒情豪過百杯。頹然醉倒小庭隈。殷勤應許賢昆仲，陪我
顏歡笑靨開。

春風漸動北風微。美景留連未忍歸。最憶長街相送別，聽君
好語立斜暉。

附・婁良樂碧潭品茗

莫訝滄桑異舊遊。嵐煙未滅碧波秋。故人喜有清風在，時送茶香到海樓。

酣歌猶自響樓頭。日擁寒雲逝水流。遙見白鷗頻起落，天涯誰泛一孤舟。

煮得清泉茗一杯。浣心興寄白雲隈。看山初過迷濛處，始見幽蘭伴菊開。

蕭寺鐘鳴徹翠微。畫船簫鼓幾人歸。滄波不讓東流水，還與煙霞渡夕暉。

與師大夜間部國文系三甲同學共遊濛濛谷作

輕塵未染濛濛谷，瀲灩春光迥不同。萬事暫拋如敝屣，一身渾脫等飛鴻。乍聽遠樹新鶯囀，已入千峰百嶂中。但願年年爲此會，詠歌長續舞雩風。

信雄學長淡海夜泛賦詩見示因次原韻奉酬

相識至今歲數更。吟懷雅興幾清明。論詩當下尤袌拜，話及梁溪春意生。

淡水詩篇韻獨悠。清新入目滌煩愁。無邊海上尋吟伴，隱耀之間見逸鷗。

附·尤信雄淡海夜泛詩

淡海夜泛

風輕一葉正初更。月出寒山別樣明。淡海今宵載歌去，漁燈點點傍潮生。

淡江落照

寒江古渡水悠悠。水淡仍憐萬古愁。波上斜陽搖不去，餘暉猶帶一沙鷗。

與師大國文研究所諸生同遊鼻頭角作

春來無處寄閒情。勝地鼻頭常耳名。天際雲浮山硉矹，海中濤湧石崢嶸。諸君咸有逍遙興，老子何妨汗漫行。最愛孤舟送倦客，歸途漁火伴潮聲。

履安兄於清明前夕出佳釀招飲席中歡甚歸後賦呈

聞聲廿載仰高軒。近歲才容接笑言。樽酒不空同北海，手書可意過南園。風流自是陶彭澤，放達寧論唐解元。我亦誼應隨龍畔，竟蒙倒屣共寒暄。

丙辰清明後一日天成夫子招飲歡甚歸後賦呈

杖履追陪十七年。先生眞是地行仙。不慚周顗淸虛貌，已盡蒙莊內外篇。論學早堪稱大老，啣杯時復出華牋。草玄亭畔花爭發，面目多應愧此賢。

今夕聞履安兄飲酒不酣不樂余有同感焉因賦此以贈

應須百斛沃心田。始歇胸中萬湧泉。我羨陶公能飲酒，君同蘇子趁流年。人生榮辱誰當已，世上窮通亦偶然。身後山邱幾春草，何妨酩酊作飛仙。

讀論啓來書感賦二首

夜讀君書意慨然。胸中翻滾若奔泉。囊螢映雪風流遠，豈道今朝在眼前。

篤學如君志意誠。他年自可入雲程。雙肩任負興亡責，非汝微言孰與賡。

賦贈夢機子良

兩年翰苑共悠遊。已益多聞足寫憂。待月茶亭聽好語，隨君寒夜泛孤舟。同嗟淩壁高蝸悔，卻喜瀰天瘴霧收。最感故人情意厚，詩成珠玉每相投。

飲者之歌呈酒會諸君子

汪稱明經擅麗辭。風流儒雅眞吾師。黃籀子史夙成名，出入百家誰如之。更有鄭君注三禮，群儒傾倒隨驅馳。理堂勤劬疏孟子，闡發玅義無瑕疵。李氏太白若天仙，意氣飛揚百篇詩。左思奮筆賦三都，洛陽紙貴咸相知。武夷才老號博古，窮經摘韻尋瑰奇。東西二京騁逸藻，傲視百代何能期。更羨湖濱棲隱士，梅妻鶴子相扶持。諸君才藝均絕倫，情豪旋盡酒千卮。投轄孟公攀驥尾，開懷長飲夜央時。每念先賢高格調，尤當振翮莫遲疑。昔有竹林稱狂客，今吾不狂留餘癡。此日盛會興淋漓。千年萬載賡人思。

候詠琍未歸

爲待歸期未有期。漫漫難展我愁眉。晨興獨坐無人語，夜靜孤眠入夢遲。萬里相違情不豫，兩年長別意何爲。願君早賦團圞計，莫把青春浪擲遺。

余將有美國之行賦勉炯陽慶勳二弟

十五年來會面殷。此番遠別聚何辰。異鄉雖好終爲客，歸念常存亦比鄰。絕學自當流永世，如君應可續傳薪。他時握手相看日，願見鵬飛已逸塵。

余將有美國之行賦別景伊夫子

念年壇坫仰芳徽。此別依依淚欲揮。原有雄圖方遠走，不關雌伏始高飛。願將萬里他山石，來發千秋金鏡輝。師訓諄諄常在耳，中華文化豈容摧。

壽景伊師六秩晉七華誕

年年陰伏陽升後，浩浩師恩動我情。樽酒風流想今夕，從遊歲月快平生。泰山北斗千秋在，絳帳絃歌萬里縈。遠道綿綿無限意，心香一瓣獻兕觥。

贈夢機

莫道滄桑已數更。還如秋水一潭清。神交早有詩心在，渭北江東共此情。

華府泰德湖畔賞櫻

苦雨終風也解晴。踏青隨興訪繁櫻。株株競放花千樹，處處爭看春滿城。殘瓣漸爲湖水漬，歡聲猶伴晚潮鳴。遙知今日陽明苑，萬朵齊開更有情。

遊馬里蘭州山頂湖

平沙疊嶂勢崢嶸。萬里東來共此行。人是他鄉萍水客，景同故國衆山清。流觀紅葉千峰豔，俯視青潭一鏡明。雲物不殊心境異，登臨遊子最傷情。

景伊師來諭疑余有久留美國之計因賦此

奉呈

入海尋珠欲盡程。東山忽震響雷聲。誓如白水言猶在，寒到蒼松色更清。莫謂浮雲初志改，還同孤月此心明。門前桃李花千樹，絕學誰當隻手擎。

雨盦學長兄不遺在遠和詩二章見寄因賡

賦一律相呈兼柬酒會諸君子

飛鴻一箋到重洋。汩汩詩情萬縷長。雖說江南春色好，何如蓬島稻花香。悠悠潭水深千尺，靄靄停雲共八荒。待得與君同把臂，未妨薄醉略清狂。

余遊美歸來夢機有詩相迎次韻答之

憶昔聯吟每夜宵。也時尋勝到江皋。歡情歷歷常經眼，秋水漣漣共棹舠。潭影不曾緣客換，雲龍依舊尚詩豪。蹉跎歲月眞成拙，滄海無心再釣鼇。

附·張夢機伯元自美歸國詩以迎之

心懸日月在重霄。罷翮風鵬下綠皋。不羡摶扶九萬里，翻憐傍渚兩三舠。博聞蘭甫才原美，高臥元龍氣尚豪。夏竹捎雲應可斬，幾時滄海釣鯨鼇。

接夢機詞長和韻之作復聞大成兄事重有所感再疊前韻答之

嘔心嚦血負良宵。爲避君鋒去九皋。但覺鴻濛難解語，徒留日月漫盈舠。黄金市骨眞堪笑，白雪無聲豈足豪。洗眼細看塵海上，幾人能夠識鵬鼇。

附・張夢機次韻詩

殘夢驚回坐永宵。憶從杯酒話晴皋。連陂春樹青盈袖，聚沫秋波冷浸舠。舊跡空憐漫草合，高吟那復少年豪。新來漸覺蓬萊淺，何用游詞説釣鼇。

與夢機吟唱三載懷思不已因三疊前韻聊寄余懷

已幸三年吟有伴，況聞九野鶴鳴皋。鏤冰每欲邀君賞，乘興常思訪戴舠。平子工愁詩益老，孟公投轄酒仍豪。偸雲應得江山助，好遣穿天筆鬥鼇。

敬步原韻奉和勉公將軍雜感四首

自接淸芬二紀年。將軍豪氣尚依然。早留勳績書難盡，晚作詩仙夢亦牽。顧我寒庖常困乏，勞公大德予周全。鶯歌石上停雲靄，歲月悠悠每暗憐。

贛江源出自吾鄉。北注鄱陽東勢良。儒學古來承一脈，將才今亦過三湘。壯心猶似春流起，歸意爭隨雁影揚。待得青峰圓腳下，試尋馬跡喜盈眶。

求書昔日叩門來。講學殷懃勝杏臺。指點迷津勤密勿，拔除茅塞喜依偎。淸吟應已傳家久，麗句當收積玉回。橋梓花開春瀲灩，論文細酌酒千杯。

相逢傾蓋笑談中。胸次千山眼界空。白雪樽前道榮辱，黃金臺上訴窮通。馮唐易老當明世，李廣難封蹈下風。離合升沈遽如此，何須昂首問天公。

附·胡競先雜感四首

一夢浮沈近耄年。滄桑幾歷幸安然。功名欲顯機難遇，變亂頻驚恨自牽。居老徬徨歸未得，端居淡泊節求全。天涯縱有妻兒伴，四顧蒼茫宇內憐。

老來最易憶家鄉。物產風情總覺良。芝嶺雲霞翻色相，鄱湖波浪演瀟湘。傷時況有興亡恨，役國何曾姓字揚。大矣流離羈海上，神州一望淚盈眶。

國破倉皇渡海來。不堪寥落久羈臺。環觀舉世遭魔劫，竊念微軀有病偎。烽火迷離何處靖，河山錦繡幾時回。吾雖老邁心猶壯，欲去黃龍醉酒杯。

消閒聊考古今中。王後盧前總屬空。未必多才皆顯達，應知賦命有窮通。項王結局徒豪語，劉沛居然唱大風。多少不平傳史話，昂頭我欲問天公。

壽景伊師六秩晉八

年年歲歲公長健，歲歲年年頌一篇。博識今傳齊稷下，勳名早著舊淩煙。三冬學啓千秋鑑，北斗星成南極仙。閬苑陽生花正豔，春風桃李共欣然。

新得印章二方喜作呈履安兄有序

歲在乙卯，履安兄以稼軒詞，「酒杯秋吸露，詩句夜裁冰。」作聯相贈，復爲題鍥不舍齋橫幅。今即以聯語齋名爲印章成，喜賦此詩。

聯語齋名各自姸。清辭雅號我欣然。新裁總念君情篤，不舍常持此志堅。今得圓方稱玅勢，還須揮灑過千篇。平生風義兼師友，樽酒相隨樂最便。

近得夢機春日雜詩步韻奉和

舊盟欣喜欲重尋。素月流天掃積陰。近有新詩書觸目，更無閑話且安心。沈舟我閱千帆過，出匣君同楚劍吟。遮莫善愁兼善病，學優還應豁胸襟。

附·張夢機春日雜詩

庭隅叢薄漸侵尋。不剪終成蔽户陰。春雪誰翻千古曲，上庠眞穢十年心。此邦滄海適鷗性，何處修桐識鳳吟。往事叢殘一回首，宵分時有淚沾襟。

敬次仲華師七十生日有感詩原韻稱壽

光風如霽節如秋。清範眞堪式禹州。行己化人都不倦，從心入聖自無愁。殷殷究易通奇法，兀兀窮經立九疇①。桃李成陰春正好，稱觴多士躋樓頭。

附·高明師七十生日有感

咄咄書空七十秋。陸沈無奈望神州。捨生夙抱澄清志，投老仍懷今古愁。幸有筆耕存幾卷，喜看蘭茂闢千疇。風流猶記從師日，淮海少年雪滿頭。

次韻答夢機

邱壑逍遙道不孤。豈應濠上始知魚。搶榆已得飛騰樂，尙懼千杯一醉無。

附·張夢機懷伯元

細潑茶甌憶鬱孤。欲通一問遣雙魚。不知料峭春寒夜，曾醉瀘州大麯無②。

與輔大中文研究所諸生同遊金瓜石作③

金瓜勝地久名馳。也欲隨攀歷嶮巇。遠近群山形硉兀，低昂怪石狀離奇。相傳昔日花如錦，豈料今朝草壓楣。自古盈虛皆有數，達人端貴識先幾。

雨盦學長兄豪情時發屢惠詩書夜闌人靜把翫吟誦至於再三既喜二美同臻益感情意懇摯思緒翻騰難已於懷遂不揣淺陋勉次二韻呈正

汪汪叔度自魁元。十載時欣共此樽。他日西湖尋舊賞，邀君拄杖細重論。

不向淸時怨不容。且將杯酒漫澆胸。搶榆豈得飛騰樂，水淺徒愁瀚海龍。

母親節思親有寄

康乃馨花冉冉香。慈親恩德實難忘。綵衣慚對東萊老，未侍晨昏向北堂。

賀第六任總統蔣經國先生就職

一尊生佛躍天門。喜見旋乾欲轉坤。已蔭法雲涼火宅，還期慧日曉重昏。功恢禹域光青史，道濟斯民裕後昆。萬國歡心齊慕義，蔣山致祭孝彌惇。

讀東坡集

東坡才大學行芳。自比眞如螢燭光。但願此心常不舍，他年或可瓣餘香。

賦贈文化學院中文系畢業諸生

先生對酒意歡欣。弟子殷勤笑語親。應有新知承絕學，豈惟大輅出椎輪。要如鷹隼衝霄漢，更喜華騮得路津。握手他年相見日，諸君盡報逸雲塵。

履安兄得一田韓國寄詩興致頓豪次韻唱

和不棄鄙吝惠及下因次原韻奉和

胸中筆墨掃千軍。滿紙珠璣入眼新。眞宇軒昂原有種，清談絕倒豈無因。從來造物都難識，未必含光不更陳。道理塡肝忠注髓，勸他東海釣鼇人。

附·汪中一春小極纏綿意興索然昨奉周何兄自韓寄詩頃

方與伯元談蘇詩愛其天容海色澄清之句遂次周韻書

奉伯元兄吟正

花信無端都過眼，陰陰夏木一番新。吟懷止酒愁佳句，養痾無眠困錦茵。客有可人難促膝，書如絕色卻橫陳。天容海色澄清日，聊作南荒玉局人。

柯麗詩自華府來從余學迎之以詩

重洋險阻故人來。握手相看喜色開。舊學商量桃李茂，新知異域塑英才。

吾道已西今復東。喜君萬里跡余蹤。欲將千古淩雲筆，付汝新洲一試鋒。

讀錦松詩稿

門前車馬久無音。非子誰能陋巷尋。作字吟詩粗得計，臨窗對月有餘欣。珠璣滿眼新開卷，賢聖何人更細斟。閑處安身眞足樂，忙中枉顧識君心。

音略證補重刊賦事

念年燈火校蟲魚。析字論音意皦如。已有眞知承絕學，又翻舊典出新疏。東坡萬里藏三卷④，炎武千秋炳五書。一脈相傳量守業，此生幸作瑞安徒。

許慈多挽詞

情懷猶記昔流連。丰采光華正少年。往共青山留舊影，今傷白骨表新阡。斯人此疾無天道，弱女孤兒泣九泉。回首悲涼見遺像，風淒月落淚潸然。

同窗諸友雅集伯安學長賦詩余重有所感

因次韻奉答兼東同席

念載光陰惜逝波。今宵一聚興如何。人生榮辱窮通異，世事炎涼感慨多。仍想舊時同泛月，豈堪此日易新柯。彈冠結綬徒虛語，腐鼠誰能樂醉酡。

于樞機挽詞

巍巍魁岸大樞機。表表高標一世師。義理塡肝忠入骨，言行足法識多奇。存心已似盧行者，宏道眞如韓退之。羅馬敎廷隨主去，於君無憾爲時悲。

余重校音略證補竣事賦詩述懷以示暑期進修班諸生范生其美步韻相和余喜其能詩遂再疊前韻賦勉

結網臨河莫羨魚。羅胸萬卷意欣如。陶情自可窮詩賦，篤學終當究注疏。不種硯田無樂事，能寬心地是耘書。常持此志同堅鐵，傳道還須仗汝徒。

附·范其美和詩

泳游學海水中魚。巧運詩心樂自如。聲韻精通知古意，詞章爾雅解音疏。陸璣文筆能爲賦，潘岳才華善著書。系出名門傳絕響，承先啓後聖人徒。

賀詹耿瑤宋麗瓊結婚

浩育如魚得水泉。野花啼鳥共欣然。忽聞鵲噪知佳訊，卻喜君書報巧緣。易演陰陽成大道，詩敦夫婦著先編。題辭祝汝和琴瑟，白首相偕爛熳憐。

履安學長兄旅韓日書展歸來詩以迎之

平生湖海魚竿手，遠走東瀛一釣鼇。聞過新羅傳夏種，又隨舜水化倭毛。歸來宜說顚茶陸，見後休題止酒陶。倘得擘窠書十幅，定張四壁睨朋曹。

與師範大學夜間部國文系三甲諸生同登

菁山下抵外雙溪途中作

登高能賦屬群賢。且自沈吟賦一篇。萬丈暫巖飛白練，幾家村落隱青煙。五車三篋心難止，南陌東阡意已先。欲與諸君同努力，他年共躋泰山巔。

壽景伊師六秩晉九華誕

春風化雨幾多時。六九期開百世師。力挽濤瀾波似鏡，手栽桃李果盈枝。早同蘇子銘歐德，永是顏生卓孔思。一曲高歌無限意，年年上壽獻清詩。

感時

羯胡事主終無賴，蒿目時艱感慨深。欲曙重昏眞眊瞶，翻雲覆雨幾侵尋。五千文化誰當續，八億生靈責自任。寒夜雞啼鳴不已，圖強正待結同心。

註① 師自編文輯，分七大類九目，故六句云然。

註②　原注：魚字出韻，自是一時興寄，不欲改之。

註③　金瓜石昔爲金礦場，方其盛時，有小香港之稱。今則蔓草掩徑，斷壁頹垣，無限淒涼，故腹聯云然。

註④　邵博《聞見後錄》載李方叔云：「東坡每出，必取聲韻、音訓、文字複置行篋中。予謂：學者不可不知也。」

伯元吟草卷三

（起民國六十八年元月至民國六十八年十二月止）

傳生素貞來函詩以勉之

別來歲月已三年。猶復時時念別筵。道重師嚴能記否，酒歡人醉亦陶然。原期鷹隼凌天漢，最喜蛟龍躍九淵。今接君書深款款，還須振翮上雲顚。

書慰林生炯陽

是是非非徹是非。是非非是道方微。謫仙尚有楊高厄，獨鶴任教雞鶩誹。得失妍媸心自了，窮通榮辱願多違。他年看舉天南翼，斥鷃林鳩羡汝飛。

與文化學院中文系畢業諸生同作環島之旅

賦詩十章

北宜道中

麗日清風襯曉寒。驅車結伴走千山。鸎啼翠谷春三月，路過宜蘭十八彎。

武陵農場

武陵春早百花融。瀲灩風光迥不同。莫笑書生多弱骨，也看綠柳與桃紅。

煙聲瀑布

此身幸未老龍鍾。健步還堪繼絕蹤。百丈煙聲飛瀑在，不知人已上青峰。

冷杉古樹

閱歲三千一冷杉。擬人彭祖是阿咸。曾經堯舜升平日，世事紛紛盡不凡。

横斷公路

鬼斧神工造路難。鑿開磐石世人安。盤旋九曲還珠洞，應是途中第一端。

遊佳樂水

遠近馳名佳樂水，嶙峋怪石臥黿鼉。低頭手掬龍津汋，縱目蒼茫大海波。

抵貓鼻頭

佇看雲外影曇曇。貓鼻頭前海水藍。石似熊羆向天號，龍分瀝液使人甘。

墾丁公園

熱帶奇花異卉園。蔥蘢佳樹更難言。銀龍洞裡晶瑩石，嶄壁懸崖敢挂猿。

珊瑚水庫

碧波千頃泛輕舟。笑語盈湖一掃愁。借問無窮西向水，他年汝意憶儂不。

賦勉諸生

叱吒生風蓋代豪。驊騮上路豈云勞。欲將萬古淩雲筆，付汝他年一展毫。

以借甬盦詩句得完我十章詩因賦一篇致謝

沈吟擲筆意遲遲。滿紙浮詞眼底馳。因向大師分玉錦，方能完我十章詩。

與師範大學國文研究所諸生同遊石門水庫適許生應華生日遂口占一絕為賀

歲月推移廿四春。一番光景一番新。淩雲應執穿天筆，衝破長空萬斛塵。

青年節與師範大學國文研究所諸生同遊石門水庫大溪公園作

十日九番雨，青氣重氤氳。今朝晴方好，遊春到石門。潭水千頃碧，人衆如窘蚊。從余二三子，上庠已超倫。執禮周且謹，師嚴道方尊。行觀奇山水，問難增多聞。平地邁健步，險路無邅迍。綠蔭隨意歇，陽豔催汗潾。遊湖駕艇去，舟急浪花分。清風吹衣袂，散爲拂塵巾。最羨閑適者，兩岸垂釣人。一竿在其手，身寄幽澗濱。棄舟興未衰。命駕過大溪。紅磚舊店宇，樓閣咸相齊。風光已佳麗，產物尤豐滋。豆乾香千里，木器紛離披。民生實富足，萬姓欣堯曦。林園綴古樹，枝幹相逶迤。孤挺花色好，清雅眞珍奇。紫紅間雜處，百卉呈姸姿。長凳圍石桌，樽酒人固宜。諸君信高逸，余亦醉自攜。蒼茫暮色裡，飲罷唱詠歸。同歌舞雩曲，共使風俗熙。

次韻韓國金晚圃先生六十自壽詩

新辭遠道報佳辰。藹藹春雲百態眞。最喜鄰邦有君子，題詩自壽學唐人。

福慧雙修六十身。先生篤學德方新。遣兒入海尋珠去，捧手求詩一顯親。

戲贈艮樂

三百唐詩一線牽。遠來紅粉到君前，因何水月空樓閣，只爲當時不解緣。

聞履安兄止酒爲之悵然詩以贈之

喜酒淵明還止酒，狂歌偏憶昔留連。劉伶作頌眞無畏，魏武嚴科信有緣。北海樽盈仍記否，東河廷賜豈徒然。黃嬌閨怨何時了，欲勸郎君少解禪。

戎庵惠寄詩集報之以詩

滿卷珠璣信足誇。羨君眞有筆生花。翻雲竟似行空馬，博識洵非坐井蛙。白雪自爲高格調，騷壇重見古英華。夜吟佳句敲寒玉，如倩麻姑癢處爬。

恭悼宗師敬之

海嶠年來耆舊衰。名儒寥落後生悲。空餘龍鳳揚芬澤，不見音容剩絳帷。侍病久勞憐孝女，及門齊痛失宗師。飄零丹旐風流盡，猶記盤根勁柏姿。

接某生來詩因次其韻

夜讀來章百感馳。深情款款動人思。新知繼絕眞當勉，寒水成冰自可持。但願驊騮能得路，豈惟辭采止吟詩。他年執手相看日，直上青雲報爾師。

附·某生來詩

難留歲月似江馳。聲韻堂中最所思。漱石枕流讀音略，契心絕業勉操持。青山縱步饒歡笑，聚宴原情欲賦詩。別淚無言惟暗下，一生能得幾良師。

夏夜

烈日陵中天。火雲如欲燃。炎風滿蓬島，溽蒸苦難蠲。金烏西墜後。餘威尚依舊。煩惱多倦人，酷暑眞可咒。登樓納晚涼。四鄰涼有方。熱浪隨處散，隆威更莫當。敗興進房來。門窗盡不開。亦學鄰家子，北歐一徘徊。能源漸已少。節約宜趁早。我要問天公，苦熱幾時了。隔海思大陸。如今亦三伏。電扇且無多，睡眠何能熟。

聞蟬

偶上樓頭識噪音。始知佳木已成林。卅年東海無錐地，萬里他鄉有片陰。顧我寂寥來作伴，喜君高潔不停吟。仍餘一事眞當法，應節行藏達士心。

逭暑

憶從章貢到瀛洲。爲避炎威尙久留。四海溽蒸無淨土，一隅澄爽有清幽。分冰豪飲同河朔，旅夢時勞遶故丘。何日鬱孤臺上坐，江風颯颯火雲收。

明誠學友惠贈詩頁報之以詩

夜讀君詩百感臻。驚呼眞有筆通神。珠璣滿紙新開眼，賢聖何人更細論。白雪原爲高格調，騷壇幾見古璘珣。相期更負興亡責，鐵骨當撑大漢魂。

臺北行

昔日炎風滿赤縣。哀鴻充野不忍見。我隨王師過五嶺，長飢不飽命如線。聞說海外有桃源，心嚮往之無風便。時當運會剝已極，輾轉東航終償願。方我初臨臺北市。一片淒涼觸目是。千街萬戶暗沈沈，流民瑟縮西風裡。避秦暫得一枝棲，人心惶惶終莫已。尙幸南州氣候暖，百萬餓殍未凍死。重陰鬱積八表昏。淒風苦雨客斷魂。否極泰來星月轉，一尊生佛出天門。撫輯流亡重敎訓，去驕懲悍再整軍。起衰除弊施新政，民安樂業天方暾。減租授田勤農桑。鳩資戮力興工商。開築馳道密如網，貨通五洲達七洋。苦心經營三十載，生民今欲歌陶唐。到處高樓拔地起，上齊雲漢相翺翔。市區大道千門通。車如流水馬如龍。無間曉晝與昏夜，繁燈閃爍多霓虹。四時百貨同山積，商工各業熙財豐。酒家食客千千萬，太平景象眞難逢。我曾作客到西洲。入夜沈沈心懷憂。紐約芝城洛杉磯，更無一處堪長留。我樂臺北是吾土，此身還許常優遊。忽念九域仍不靖，滿懷欣喜投東流。我酒能飲酒興豪。我志惟一志卻高。我悲家國大聲呼，匡復重任在吾曹。王師跨海西征日，共與諸君披征袍。直搗幽燕擒賊後，萬里神州任逍遙。

與舍妹闊別三十年近傳訊息仍在世間感賦二律以紀之

卅年生死兩茫茫。每念親情欲斷腸。海外來音傳遠訊，夜間求夢到高堂。鴒原急難思無盡，白日看雲意豈忘。陟彼屺岡悲不已，久勞瞻望淚浪浪。
兒時百態記猶新。手足情深分外親。弔影昔傷淪火宅，尋根今欲覓天倫。卅年悲苦艱難甚，萬里迂迴信息臻。何日重逢勞遠夢，臨風懷想淚橫陳。

奉大人諭次韻古貴訓先生賀過天翁苗栗新居

古梅宣彩筆，麗句染新居。愧我無彤管，羨君富五車。飛簷出風雨，揮翰見徐舒。投老黃塵陌，靜觀意灑如。

讀師橘堂詩

展卷如觀錦繡團。珠璣磊磊滿金盤。羨君才捷三花馬，愧我詩多十月寒。賞盡高山繼流水，唱殘白雪見紅蘭。爭妍喜有新篇在，老拙脩脩忝列班。

舟渡

乘舟初見海沖瀜。愁緒千頭赴大窮。上下古今徒慨歎，東西南北盡朦朧。茫茫塵世將安住，咄咄孤懷每畫空。已見延平留勝蹟，當思重鼓舊雄風。

颱風吟

嗟余少小離家鄉。移居東海寓海疆。每年夏秋七八月，海氛氣惡非禨祥。斷霓飲海向北指，赤雲夾日迴南翔。庭戶肅然無行者，槁葉蔌蔌隨風揚。驚鳥疾呼群獸走，氣象報道潑婦狂。勢同曠野驅戰馬，威過黃河決堤防。排戶破牖捲屋瓦，拔樹走石聲礌硠。驟雨洶洶倒渤澥，怒風勁厲搖山岡。千尺濤瀾卷天末，百丈陵谷成汪洋。萬壑奔流滾滾來，泥沙遍地湮禾桑。聲如項羽戰鉅鹿，神嚎鬼哭天無光。百獸奔騰大地震，勝於劉秀爭昆陽。每逢風雨交加夜，虎豹讋駭紛尋藏。余亦股慄毛骨聳，終宵拊椙聽風忙。如是一夜未交睫，輾轉反側心惶惶。忽然四野俱靜寂，聲息雨止停風颺。出視鄰里牆垣缺，吾家屋漏仍浪浪。斷枝殘葉滿街是，景色觸目眞淒涼。生民損失知多少，億萬財物誰能量。從來造物總難識，何爲起此無窮殃。

挽張維翰所長

舊時人物歎凋零。痛失騷壇北斗星。祭酒儒林眞有道，揚聲柏院久含馨。追陪正欲論今古，寥落無從識典型①。他日談詩評甲乙，敲冰擊玉倩誰聽。

賀榮松麗月結婚之喜

文史聯姻雙博士，靈犀深處自神通。相期伏首緗囊裡，正欲齊眉錦幔中。易演陰陽成大道，書敦夫婦美同功。題詩祝汝諧琴瑟，細雨柔風密意融。

把酒三十首 依三十平韻次第

柏舟泛水世冥濛。耿耿無眠思總空。自古才人多落拓，且將樽酒訴窮通。

信陵風采素雍容。蓋世英豪士所宗。只爲讒言能毀骨，美人醇酒寄情儂。

高標屈子世無雙。清濁何能共一缸。履潔含忠君不信，懷沙自沈汨羅江。

賈生才調繫人思。矯厲縱橫絕代姿。遠謫長沙悲屈子，魂消江畔正明時。

曹劉相對展神機。煮酒論人旨意微。天下英雄惟爾我，聞聲
不勝震雷威。
陳王胸有五車書。八斗才高衆莫如。一醉成泥終失意，令人
千載尙唏噓。
猖狂阮籍在窮途。杯酒時時只自濡。不論人非惟白眼，此公
胸次有精龘。
採菊東籬物我齊。淸高千古莫能躋。白衣送酒踽躚舞，悅性
遺情醉眼迷。
王楊盧駱自淸佳。沈宋辭情亦可懷。把酒風流雖不似，騷壇
詩律莫相乖。
旗亭載酒共徘徊。且聽新詩逐唱來。千古風流今掃地，斯文
寥落亦堪哀。

飛揚跋扈謫仙人。舌有風雷筆有神。若上玉堂邀御寵，聲名
未必出凡塵。
詩聖千秋只此君。一杯時與細論文。翻雲筆落驚風雨，潦倒
當年濁酒醺。
文如古樹屈盤根。詩似寒原駿馬奔。思動鬼神驅虎豹，韓公
跌宕不須論。
微之身世實卑寒。附鳳攀龍琢肺肝。縱使斯人低格調，悼亡
三首不容刊。
琵琶哀怨訴凋顏。淪落江州歲月閒。何必相逢定相識，關情
難禁淚潸潸。
佳人錦瑟怨華年。哀感窮愁欲訴天。淚灑灞橋無限恨，有誰
能識此熬煎。

青山隱隱水迢迢。仍記淮陽廿四橋。詩酒流連眞一夢，當時生活亦逍遙。

振翼詞壇孰敢嘲。八叉手快少推敲。一生潦倒眞堪恨，借遇明時豈斗筲。

後主才華亦足豪。國亡身死劫難逃。偏安縱可綿三世，未抵詞名日月高。

一樽余欲獻東坡。白雪任教春事磨。嶺外歸來心皎潔，天容海色總清和。

西江宗派實堪誇。統領騷壇歲月奢。縱使當年顚仆極，終爲詩苑綻奇葩。

一生精力付詩章。半世窮愁意氣昂。誓酒永難忘二老，心香應早許蘇黃。

提師一旅搗龍城。百戰雄威事幾成。正欲揮戈回魯日，風波亭上恨難平。

孝宗英烈記丹青。壯志雄圖著典型。倘與紹興時異處，鯤鵬應已奮南溟。

放翁心事似孤燈。耿耿長明得未曾。愛國聲名千古在，臨終詩筆尚飛騰。

北地才華第一流。遺山詩筆自清遒。悲懷欲盡人間酒，澆洗胸中萬斛愁。

人生難得是光陰。休要嗟貧說古今。濁酒三杯閒自酌，管他榮辱與浮沈。

一杯在手酒方酣。夜半吟詩覺味甘。醉眼矇朧燈影裡，此生何事不能堪。

濁酒頻斟月上簾。清光照影影廉纖。醉來萬事皆如夢，胸次寬閒樂自添。

沈舟側畔閱千帆。看盡窮通識聖凡。瀲灩金樽還自喜，酒痕月影滿青衫。

雲海

黮黮黑雲遮滿天。蒼穹盡墨雨濺濺。我憑鐵翼搏扶搖，漫空幻境爭來前。忽看無數玉鯨鬥，倏變綿羊億萬千。又似毛羽隨風飄，蘆花萬頃波相連。霞光一縷穿幽隙。璀璨閃耀輝玉璧。彩翠鈿鏤金銀臺，翻騰碧浪龍鯉赤。瞬間景象皆遷換，茫茫廣漠平曠域。雲耶海耶渾不辨，造物神奇眞難測。黃沙滾滾塵霧起。勢同倒傾長江水。迷離海上三神山，煙霞縈繞相依倚。凝觀萬象盡無存，層層疊疊皆雲氣。任風吹合復吹開，千變萬化殊未已。縹緲綾羅旋復沒。翻棉擘絮纈綸綍。千仞高峰送青翠，島嶼離離眞突兀。白衣蒼狗須臾態，瑰怪寧能全備悉。對此掩卷一長歎，神功難摹且擲筆。

夜宴富貴樓 有序

蔣公誕辰假日，金祥恆教授設席招飲，同座本師林先生景伊、孔先生達生、毛先生子水、臺先生伯簡、鄭先生因百、以及王主任靜芝、葉主任慶炳、史教授次耘與王初慶、林明德二君，飲際，余戲曰：有酒堪喝直須喝。因百師戲答曰：莫待無酒空呼杯。歸後遂依杯字韻續成此篇，因柬同席，以博一粲。

有酒堪喝直須喝，莫待無酒空呼杯。因百先生雋語豪，乍聞此語如春雷。請看座上能飲者，心漸對酒生虺頹。景翁原是酒中仙，近學淵明止新醅。惟酒無量不及亂，昔日孔師眞雄魁。二公今皆水當酒，舉觥虛晃聊相陪。毛公八旬登耄耋，王君就口還徘徊。一滴沾脣旋便已，坦然胸腹無塊壘。得趣中聖推臺老，雍容大度多歡咍。鄭公善飲緣家學，康成溫偉一斛催。葉史兩君各持爵，金樽灩瀲俱弘恢。初慶明德亦不讓，英雄原出少年才。吾家湖海元龍壯，孟公投轄車爲摧。今陪從事到青州，金杯滴露何能推。飲罷樽裡看無色，顏變丹渥懷方開。昔賢詩酒每流連，豈能多飲無新裁。一謝主人殷勤意，更與諸公增談詼。

戲贈石禪師

雎鳩河畔又關關。鐘鼓和鳴配鳳鸞。師本顓孫兼子夏，母從李白嫁潘安。

喜晤韓國金晚圃先生

使君六十我吟詩。爲祝遐齡壽養頤。攜手今朝論聖學，揚輝他日喜佳兒。辭章雅韻欣同好，韓夏交親固所期。一事仍須多鄭重，東方文化賴扶持。

贈韓國李家源

近世儒學與退溪學會閉幕於臺北市，李市長惜別宴上，韓國李家源詞長與余同席，口不能言，而詩可相通，因賦詩勸酒，得詩三首。

昔人詩酒每流連。君善吟詩酒未全。瀲灩金樽聊一勸，勸君杯酒結詩緣。

先生原是酒中仙。近寫淵明止酒篇。他日相逢春瀲灩，與君把臂共陶然。

文章雅韻欣同好，韓夏交親亦夙緣。一事仍須多鄭重，相逢再聳作詩肩。

芳園雅集

停雲詩友臨芳園。古調重彈唱高言。勢含飛動思冥杳，翻空麗句通泉源。請看諸君俱清峻，新詩篇篇繡錦繁。祭酒自推汪元量，詩如駿馬奔寒原。舞鶴偸雲成雙絕，細論得趣還魁元。昭諫孟陽分左右，騷壇兩集皆稱尊。推尋詩律擘肌理，實至名歸獎輪番。婁公家世眞賢德，詩成不火如春溫。西江詩派世推崇，前身仲則今還魂。載酒旗亭較短長，黃河一曲眞堪掄。梁溪詩與放翁疇。已得三昧通津門。小杜淸發敷葩藻，鸚啼三月色紛緼。延之雕繪又滿眼，錯彩鏤金難輊軒。隱侯佺期謝雕手，律成龜鑑成雄藩。吾家子昂眞不讓，古人來者俱能吞。閉門覓句作詩苦，誰云師道遜來昆。各呈玅思鬥纖巧，催花擊鉢聲喧喧。諸君才藝均絕倫。豪情還盡酒千樽。古人詩酒總流連，能詩善飲淩鵬鯤。長篇已盡興未已，還期一唱開乾坤。

夢回

分明枕上親。疑幻復疑眞。曉夢無尋處，平居獨愴神。

恭壽景伊夫子七十嵩慶

北斗星輝七十春。今成南極益精神。天將木鐸傳夫子，口述斯文度道眞。抗日酬功榮典著，從心入聖讜言陳。深仁我有終身感，敬獻新詩博一嚬

喜次鄒生霏驊高雄侍宴伴遊詩原韻四首

學問紛然百樣陳。精研事理自圓勻。杏壇歷盡神尤炯，白雪

譜成曲尚新。木鐸聲揚無倦日，斯文光耀有傳人。吾華道統千秋在，終見群星拱北辰。

也曾隨性任遨遊。善惡難融似水油。行道宣尼思泛海，羈途王粲欲登樓。南來講學多賢友，西望歸雲化火洲。冀與諸君同努力，他年敷教到遐陬。

久歷沈陰應轉陽。年年旅夢欲還鄉。波濤萬丈心無懼，松柏千尋態自狂。洪邁北廷終返節，蘇公南島必歸航。他時四海爲家日，絳帳弦歌各一方。

如今師道式微中。喜見扶危氣吐虹。應有新知傳絕業，豈惟舊學鼓雷逢。衝天鷹隼雲霄外，合契生徒表裏融。此日相攜遊海嶠，欲君振翼破長空。

實先師周年忌門下士於華嚴蓮社誦經追

思余以事羈身未克前往拈香致祭因賦詩悼念並寄仲寶鈸輝以謝前期之約

學界哀榮數魯師。高人淪喪有餘悲。汪洋恣肆宏篇在，跋扈縱橫曠代思。已顯才華推曆算，更翻腐朽化神奇。未能敬禮瞻遺像，宿草經眸淚復滋。

註①：余今歲初受聘為中華詩學研究所委員，尚未及與翰老晤面，遽聞寥落，故腹聯云然也。

伯元吟草卷四

（起民國六十九年元月至民國六十九年十二月止）

元旦假日戎庵邀宴會者艮樂夢機賦詩三首以紀之

錢塘縣令本詩仙。嘉定先生信口傳①。紅粉兩肩家國事，一吟一擊一欣然。

登樓投轄孟公來。司業胸吞老杜灰。青鳥殷勤冰上語，吟成一絕博君咍。

乘興重來綠水潨。碧亭聯句鬥詩豪。迴瀾壯志衝天去，南嶽西湖走一遭。

六十九年元旦

日月轉雙轂，輪迴六十九。民國新紀元，崎嶇還記否。今朝逢正旦，細聽從頭剖。辛亥義師起，清帝同拉朽。巨憝竊權柄，洪憲成亂首。討袁役方平，復辟又紛糾。擾攘無已時，軍閥相踐蹂。殘民以自逞，乾綱如解紐。南州敷新政，黃埔厲赳赳。北伐群方應，幸出補天手。齊欣國難已，誰料出群醜。寧漢鬧分裂，戈甲相磨叩。洪都傳暴動，豫章血成漊。五次勦圍剿，流寇竄陝右。王師一鼓下，螻蟻當擊掊。無端起風濤，元戎竟拘羑。東鄰乘我隙，覬覦固已久。強如獅搏兔，勢若風吹柳。蘆溝橋下水，激盪過山嶁。醒我大漢魂，砲火如雷吼。扶老攜幼去，抗敵無前後。壯士膏鋒鏑，羸弱輸糧糗。血肉染山河，傷亡億萬口。抗日聖戰已，盡洗昔年垢。臺灣歸祖國，歡聲響九有。橫厲群妖作，狼突豕奔走。俄帝驅毛賊，指使如犬嗾。王師欲盪除，美人頻掣肘。因循失機先，九鼎失其守。火焰燎昆岡，金甌破如瓿。浮海來蓬島，塵垢重抖擻。朅來三十載，生民見殷阜。去歲更寒盟，晝曉感昏黝。倘再不自強，何用卜休咎。禍淫固天道，福善亦天牖。成敗皆自招，無煩怨賣友。願我邦人士，振作莫相負。記取前車覆，敗亦勝之母。在艱志彌厲，終將戴日斗。

次韻戎庵碧潭聯句補綴分東志天思齋二首

經桑再宿亦前緣。種種情懷落綵牋。春事蕭條歸白雪，蒼松剛勁耐寒天。思齋家有千秋鑑，彥發名垂九百年②。志起斯文羅萬藻③，壯心欲泛五湖船。

卅載南來暖過冬。歲寒仍見後凋松。閒翻舊史書千卷，快飲新醅酒萬鍾。入世無聞何足畏，思鄉有夢興方濃。他年四海爲家日，欲令神州遍我蹤。

附・羅尚碧潭聯句補綴分呈志天伯元思齋

算與茲亭有勝緣。又來聯句擘吟牋。迴瀾力挽陳伯玉，健翮高搏婁志天。遊客盪舟方樂水，我儕憂國願豐年。思齋最愛秦淮月，若憶籠沙夜泊船。

道是春來未過冬。一時煙雨失長松。深愁止水沈歸夢，稍喜穿林送梵鐘。鐙火漸繁人影亂，薜蘿猶厭世囂濃。可能再集崖亭上，各拂蒼苔認舊蹤。

喜晤立鈐臺北

臨川曾子固。悠悠來遠路。握手長街上，顏色仍如故。神采更飛揚，足令歲月駐。往日分袂去，擇棲先揀樹。嚶鳴求友聲，關睢已早賦。釆釆多卷耳，寧馨次第露。撫育實勞神，辛勤盡保護。世事皆莫問，家居同禁錮。憶昔高樓上，蒙君每枉顧。烹茶供小啜，笑語眞無數。別來十餘載，能得幾把晤。何當再重見，相賞酒中趣。卻話少年情，惆悵心長慕。

讀吳生國榮詩

夜讀來詩睡意醒。驚呼何止欲忘形。琳瑯滿目新開眼，賢聖何人可細聆。廿載杏壇勤煦育，一朝蘭苑得芳馨。丁寧萬語君須記，莫負師門睬眼靑。

元旦紀事詩戎庵和作再依前韻答之

古人最羨是坡仙。到處風流信口傳。千載雖悲生也晚，今能附驥亦熙然。

蜀客還從蜀郡來。眉州風貌記淋灰。西江幸有黃三谷，尙得蘇公一笑咍。

思齋屢出擾人淳。嘉定原來詩興豪。欲寄吟箋催二子，何妨縱筆寫逢遭。

戎庵碧潭聯句補綴二律再和亦再答之

海角棲遲結此緣。且將心事付吟牋。新詩清峻推昭諫，法眼恢張數樂天。夢筆思齋原有術，窮途師道敢忘年。停雲十載重開社，應上西湖春水船。

歲月駸駸三十冬。羈情同欲作貞松。雲山共覺京華遠，詩酒當爲前世鍾。碧水粼粼沙鳥沒，弓橋黯黯暮煙濃。蓬瀛剩有還鄉伴，相約神州放絕蹤。

郊行

春郊六福足盤遊。動物奇觀眼底收。犀象駝羊兼駱馬，獅熊虎豹雜獼猴。車行曲道珍禽迓，人語隨鶯逸興悠。不是寒風仍砭骨，幾疑身已在非洲。

春雨

柳絲垂。雨霏霏。滿園憔悴芳菲。泥濘遍地無行路，杜鵑休叫不如歸。

偕内南行紀遊

西子灣

卅年生活漸悠閒。偕內同遊西子灣。極目無邊波浪闊，何時攜手到鄉關。

鵝鑾鼻

鵝鑾鼻在島南端。下有千堆石礫灘。最羨幽人遺世事，成群雞鴨滿山巒。

燈塔

一塔崔巍聳岸邊。光芒四射耀南天。往來三海船皆仰，指點迷津不計年。

墾丁公園

南來三見墾丁園。熱帶風光色色妍。此度情懷過往日，良時嫵婉喜隨肩。

佳樂水

新開馳道轉龍蟠。眼底波翻怪石攢。賞遍巑岏佳樂水，今宵情好喜盤桓。

佛光山

重樓玉宇佛光山。南海觀音化衆頑。煙吐祥雲香冉冉，幾疑身已隔塵闤。

臺南紀行五首

古都何所愛，最愛赤嵌樓。受降臺上顯徽猷。聲名自是著千秋。今朝瞻望仰風流。一身功烈記心頭。

古都何所愛，最愛安平堡。半壁頹垣前日造。創基人去心常繞。當年一戰驅蠻獠。萬世勳名星月皎。

古都何所愛，最愛開元寺。菩提老樹濃陰裏。慈恩又似祥雲起。自古忠臣皆孝子。南來參拜心難已。

古都何所愛，最愛延平王。雄姿英發闢南疆。萬民今尚念甘棠。祠廟巍峨姓字彰。寒梅手植有餘香。

古都何所愛，最愛孔子廟。全臺首學千秋耀。道貫古今通萬竅。兩廡聖賢高格調。精神應許時相召。

餞春二首

青草萋萋野徑幽。千紅萬紫轉悠悠。花開榮落恆如此，蝶舞鶯飛各自由。洞識盈虛原有數，暗通消息可無憂。閒來且把清樽酌，一醉狂歌任去留。

送春漸覺句難工。虛對衡簾柳絮風。細雨纖纖無斷日，園花黯黯盡殘紅。繁華過眼都如夢，樽酒關心總不空。浪蕊泥塵渾莫辨，且尋薄醉暫從容。

壽曉峰先生八十

當今誰似我公賢。出入中樞四十年。博學重開新稷下，勳名久著舊淩煙。早傳宦績人呼佛，晚作書癡自覺仙。雪鬢霜髭春滿座，深仁最感頌詩篇。

詠史 王昭君

風華絕代王昭君。雪膚花貌堪羞雲。千挑萬選入宮來，佳人鸞立雞鶩群。畫圖未識春風面。無緣得與君王見。長驅塞外去和番，琵琶聲苦多哀怨。自古懷才不得通。千秋百世仍相同。遂令今日漢家女，常以和番爲一功。

送孝裕赴南洋講學二首

大鵬展翼飛南海，爲正蠻人鴃舌言。傳語但憑新反切，敎他音韻返中原。

請看東海張三影，往會南洋應德璉。樽酒風流想今夕，交情融洽共忘年。

放懷二首

深羡汪洋一葉萍。自隨波浪任飄零。履眞陶令杯常滿，率性阮公眼不靑。縱使無聞須足畏，還應彊勉莫能停。歷觀舊史輝丹策，盡有勤耕著典型。

欲騁吾懷信馬馳。莫爲窮達易聲姿。閒來白酒三杯釂，醉後黃粱一夢遲。蘇子食蠅難閉口，張侯侍駕反無辭。賢愚千載知誰是，待與諸君共論之。

詠懷

昔我少年時，猛志逸四海。文欲邁蘇韓，倚馬謂可待。懷抱比管葛，擬出爲良宰。荏苒四十年，頹唐病餵餒。壯志日消磨，情懷今已改。遭時既不偶，幾人識妍醜。一意屏世務，悠遊避休咎。南鯤設太學，薦爲系祭酒。我心如止水，曠放仰五柳。深苦墜塵網，竭力卻奔走。世人多不諒，責我任逋負。謂窮善其身，達應兼九有。偉哉聖人言，理當稽首受。往有同遊學，流落海之角。孤鴻海上來，爲之三吐握。今已上青雲，棄我如垢濁。言之多慨歎，世情感涼薄。怪哉朱公叔，論事一何卓。因避世間人，強陽棲幽谷。不聞世間事，賞心惟展讀。

溪頭行次夢機韻

連晴三月長空藍。欲上溪頭親青嵐。忽驚蘭女病奇熱，勞我攜之醫頻探。鬧市奔馳汗浹背，無緣同觀草鬖鬖。且記昔年舊蹤跡，翻求詩友多包含。問我溪頭去幾回，恰如毛公鼎足參。登臨勝地情何似，野豕獐鹿恣饕貪。百壺美酒玉山頹，醉倒無床衆人嵌。睡到更深萬籟靜，卻聞夢囈紛呢喃。諸生咸謂陳夫子，灑脫非是蠹魚蟫。昧旦相攜步林下，積崖連山忽似龕。竹梁搖曳動心魄，波光倒映呈茅庵。羊腸小徑百折阪，臨覩千歲紅檜楠。衆人紛紛留倩影，老樹横柯翠潭潭。雀躍兔奔興未已，群樂夏風歌凱南。誰擘板斧開勝景，奇功眞可追鼇鼇。石徑蜿蜒隨衆下，健步如飛少年慚。密林蔽天巧障日，松根泫泉良足耽。世路崎嶇咸類此，孤芳自賞非夸談。閒來攬勝尋幽去，此生未羨讌傳柑。世季塵勞多慒慒，如君如我豈兩三。所貴達人能安命，何妨六籍相韜含。時將此意存胸臆，逸興遄飛無夢驂。盈虛窮達皆有數，洞觀何事不能堪。昔賢最羨是坡仙，奇觀異景咸相諳。勘破死生成細事，長留浩氣一偉男。曾上玉堂參廟算，老來南海貶亦甘。大節不回忠耿耿，心同孤月誰能戡。苟同屬國歸海外，三江五嶽齊訪譚。會當一登泰山頂，新詠太平歌聲酣。十億同胞咸縱酒，歡喜無量淚毿毿。

湖上

涵碧樓高日月底。環湖公路似長隄。癡龍速起施雲雨，水淺如今不可棲。

催永武作詩

涪翁昔值延和殿，玉屑常隨咳唾來。今已分肌能擘理，何妨時把錦囊開。

結婚十七週年紀念日賦贈詠琍五首

十七年前此日，張燈結綵延賓。彩帶紛紛墜額，偷覷卻似含嚬。

送走盈庭賀客，歸來相對凝眸。從此三生緣訂，枕邊細訴輕柔。

磨去幾多棱角，換來琴瑟和諧。攜手人生道上，登山涉水同偕。

兒女紛紛墮地，兩人相互擔馱。無限前程似錦，且看千里明駝。

六載卻逢五別，別來歲月淒清。明日柔荑重握，相攜更注深情。

贈雨盦兄

一回聚首一回親。詩酒相歡德益新。放眼靜觀塵海上，情懷如許幾何人。

人造雨

亢陽連三月，涓滴未下霝。水田全坼裂，原野草無青。農作嗟歲旱，山泉涸且扃。千百萬衆庶，夙夜盼雲生。跪拜到海濱，求龍賜雨耕。天時雖不齊，布政幸有經。晶熒麗日隱，嶺雲去復停。健兒憑鐵翼，培風上青冥。波動如翻墨，撒鹽拌乾冰。陰陽兩相搏，殷殷震雷聲。羅鬘終凝聚，成珠響丁泠。如傾東海水，遍地滿潗瀿。倒卧旋復起，枯萎亦盡醒。君不見、造化固常捉弄人，人定亦可勝天廷。請看今日造雨者，巧奪天工著典型。

中秋對月有懷舍妹

中秋對月幾回圓。黑首如今白綴顛。何日故園重聚首，扶親攜幼對嬋娟。

聞雷根獲選有感

世間道義總伸張。不信何妨看一場。卡特寡情終寂寞，雷根博識益軒昂。細推榮落含深意，應見仁和發曉光。往後還須共攜手，乾坤旋轉在圖強。

登高

西風著樹響颸颸。九日登高觸目愁。草嶺靑靑隨雨暗，洪濤滾滾尙東流。避災入海何時已，作客悲秋幾歲休。自古偏安俱泯滅，豈堪歌舞續杭州。

燄火

君不見、自古承平大有年。莫不張燈結綵喜連連。民富國強樂晏然。雅頌歌舞起聯翩。想見龍燈鶴燄鼓喧喧。硝雲彩雨漫長天。自從鴉片之戰起狼煙。遂令民窮財盡相熬煎。因循積弱國步始維艱。頹唐萎靡莫如前。爾來百載相推遷。移居蓬島辛苦經營重續前王政更妍。民生今富足，相娛喜芳鮮。每逢雙十節，燈火輝煌光彩耀雲邊。燄火衝霄漢，有似銀花朵朵撒自閬苑仙。又如孔雀開屏光彩顯便翾。祥雲成五色，瑞靄紛紛降落在人間。萬斛金蓮子，盡灑通衢鬧市響闐闐。萬窗花眼密，璀燦閃爍燈市燭炬千。未料此生尚逢世小康，與民同樂共歡顏。但願再復舊河山。四海同慶開國日，火樹銀花雜管絃。全民齊欣歡樂永綿綿。

壽景伊師七秩晉一

名高當代道通玄。入聖從心又一年。桃李滿園花滿樹，文章如錦學如淵。傳經已紹康成業，解字群推叔重賢。蓬島風和時正好，相期珠玉綴新編。

代大人次韻古貴訓先生遊美洲三藩市詩四首

江南今已隔重洋。炎胄紛紛入異鄉。縱使當爐春色好，客身飄盪總茫茫。

寄身蓬島尙何求。世外桃源且注眸。但願王師平寇後，五湖四海任遨遊。

天道無親自在流。善人相與復何憂。雷根博識終龍躍，卡特淩兢難久留。

搨來心思繞幽燕。兩手難全方與圓。閬苑風和人更好，勝他精進卅餘年。

歲暮有懷薇史師

葭灰飛舞歲將除。夫子他鄉適意無。爲問香江新弟子，何如蓬島舊生徒。自從旌旆南移後，已有林鍾輟響吁。一事存心容上達，幾時天際動歸圖。

附·汪經昌師次韻詩

蒼靈天半起乘除。左肘垂楊歎有無。十載江湖勞夢寐，五車册卷愧生徒。尋聲人憶陳蘭甫，繡句工餘葉素吁。同學少年都不賤，失群零雁尚征途。

選戰

庚申十二月上旬。增選民代歸諸民。競爭代言四百人。人人盡欲登龍門。街頭一夜景色新。宣傳海報七彩陳。擴音車輛塞路津。拜託之聲到處聞。自辦政見吐沫噴。情緒激烈氣炘炘。選舉奇招難細論。傳單名片尤紛紜。有人爲顯淸白身。大繪禮物白玉臀。影視歌星競芳芬。群星閃爍隨財神。聞道妙語出南鯤。自謂裏外皆純眞。此言一出四座噸。交頭接耳談紛紛。巾幗崛起來奇軍。涕泗縱橫墜潾潾。苦肉計拙亦艱辛。石膏繃帶間爪痕。花招雲湧多翻賁。無非心想超其群。今日選民目未昏。孰爲優劣心焞焞。賢能在目誰堪掄。應思家國亡與存。一票攸繫旋乾坤。安可所擇非其倫。

註①　婁堅，明嘉定人，工書法，詩清新，與謝賓山、唐時升、程嘉燧、李流芳稱嘉定四先生。

註②　宋婁機字彦發，善書法，工詩文，著有《班馬字類》。

註③　明羅萬藻，以時文名家，而學有本原，與艾南英等以興起斯文爲任。

伯元吟草卷五

（起民國七十年元月至民國七十年十二月止）

詠梅二首

群花凋盡後，玉樂即生香。勁節參松竹，冰心傲雪霜。寒原隨地發，暖閣入冬芳。種類誰相似，吾華足短長。

世上群花凋盡後，瘦枝玉樂即生香。三秋勁節參松柏，一片冰心傲雪霜。朔北寒原隨地發，嶺南暖閣入冬芳。人間種類誰相似，惟有吾華足短長。

夜讀

嚴冬十二月，夜靜涼如洗。書齋憑几坐，展卷燈影裡。墳典眼前開，詩文雜經史。上下五千年，俯仰十萬里。神遊在其中，不覺夜繼晷。古人誰最愛，我愛蘇夫子。不問少年雞，傲岸眞可喜。道理塡心肝，忠義注骨髓。遠謫儋海上，一生瀕九死。歸來雲雨散，心澄似海水。感此動我懷，激盪殊未已。耿耿高標在，儀型惟仰止。

病起

咳嗽纏綿夢也迢。戒煙戒酒感無聊。一春多病丰神減，十載長閒意氣消。三顧頻煩曾幾見，半生蹭蹬總難描。欲將歲月耽書策，攬鏡先傷鬢已凋。

春雷

歲入辛酉百維新。雞鳴報曉無相循。天意亦隨人意轉，變換時序推新陳。月來風氣頗鬱蒸，炎如盛夏非三春。層雲厚積日無光，居人揮汗濕羅巾。忽然飄風起東北，涼颸漸可驅頑囂。俄而一霎電目瞛，旋聞巨響雷殷殷。六合閃爍雨似珠。

擊窗砰磕如車轔。瞬間墨色成深紫，赫赫蒼穹天容瞋。飛簾屏翳驅相隨，鞭馳百怪尤精神。列缺吐燄傳烽火，時有赤蛇飛近身。雨聲轉驟雷轉疾，仰視天際雲紛紛。自古天象垂吉凶，迅雷疾風咸有因。曹劉煮酒論英雄，使君翻成失箸賓。六年之前夜半雷，訃喪大海掌舵人。今朝霹靂響連天，禎祥奚似誰能論。

聞香港禁映皇天后土影片感賦

天聽原自我民聽。聖教相傳有典型。共產鬥爭非國計，神州遍地滿羶腥。

惡臭誰堪一手遮。糞缸原本怕人爬。長持非計狂如許，種豆焉能想得瓜。

暴政從來難久持。曷喪民欲與俱馳。皇天后土雙睜眼，看汝橫行到幾時。

黃世棻醫師癒我咳嗽痼疾詩以謝之

形疲咳嗽歷多年。春雨來時夜少眠。聞說懸壺爲濟世，方知妙手可回天。倉公扁鵲今朝見，痛苦煩憂一日蠲。因感良醫丹術好，心頭難已頌詩篇。

太空梭

太空梭。太空梭。太空梭發我作歌。奇巧技藝古來多。翔空木鵲淩雲波。木牛流馬勝槖駝。先民智慧難縷覶。爾後虛教歲月過。遠遜西方技藝科。欲說教人顏爲酡。禪師一念逾新羅。今窺天宇亦頃俄。上窮碧落下地渦。看來此願今非婆。巧奪造化神難呵。鬼魅過之亦驚儺。願吾龍種去沈痾。登雲運斧速研磨。迎頭趕上莫蹉跎。巧術衝天脫舊窠。萬人相許聲呵呵。

落花

花開花落總迴環。開也欣然落也安。細察物情皆若此，有何悲歎有何歡。

壽錦公夫子六十

人言風骨太嶙峋。我見先生德益新。東海垂綸釣鼇極，黌宮祭酒領群倫。天將斯任降夫子，衆仰宏猷起大鈞。耳順之年桃李茂，躋堂獻壽頌聲頻。

悼艮樂

風華高誼記流連。元白交情廿許年。忍負傳箋同入社，堪哀述德與書阡。斯人此去無天道，嫠婦孤雛泣九泉。噩耗傳來如霹靂，撫生傷逝淚漣漣。

迎日本參加華語研討會貴賓

和漢原來是一家。文同語異幾分差。諸君此日臨蓬島，研討華言意可嘉。

贈谷口明夫

送君東去復還來。握手相看喜色開。舊學商量桃李茂，新知異域寄英才。

次韻片岡政雄教授

東方文化豈蒿萊。應有英豪拓境開。中日相攜同努力，理當重建舊樓臺。

贈竺家寧榮獲國家文學博士

詩英夫子生前願，屬我於君著力栽。今見新知能述學，欣看幼樹育成材。當如鷹隼衝霄漢，卻喜崚嶒積累臺。一事仍須勤記取，先師恩意莫相乖。

端居

端居無一事，閒適意自舒。炎暑苦蒸熱，冷風放徐徐。泛覽經與史，還觀山海圖。目倦隨意止，興來執筆書。不學會稽王，頗喜眉山蘇。萬籟俱寂靜，始復校蟲魚。曉起陽臺上，欣見蕙蘭腴。雖有葛天民，無心羡斯須。

送雨盦赴韓講學

長風萬里快遊翺。鳴鶴淩空響九皐。眞要新羅留夏種，難辭舊地展朱毫。誰同交臂論今古，自有閒情散鬱陶。引手鉤詩一竿竹，不應孤負漢江濤。

結婚十八週年賦贈詠琍美國

結縭十八年。相思何綿綿。我愛卿之慧，我愛卿之賢。葉公嬌小女，而嫁拙夫眠。非龍亦非鳳，平庸無足言。常記艱難日，典賣金鎖鏈。無米可供炊，寒灶難生煙。友朋偶枉顧，貽酒爲無錢。時余方在學，生活苦熬煎。張羅費周折，兒女復比肩。撫育已勞神，卿還加意憐。昔別未半載，我病即言旋。屏擋去一切，翩然來雲顚。感子愛意深，天賜病盡蠲。自此每相離，愁緒滿心田。味如荼蓼苦，亦復相吞咽。今歲渡重洋，又攜二女前。異邦豈易居，全憑心意堅。分別當此日，月已兩回圓。爲念遠方人，殷勤寄吟箋。相思雖云苦，愛卿意更虔。恨無雙飛翼，振翅到身邊。與爾時相伴，情好復翩妍。諸兒繞膝下，在左右後先。共享天倫樂，環視意忻然。此意不可得，相思豈易捐。念之入中腸，不覺淚洳漣。

讀蘇文忠公詩至屈原塔一首感觸殊深因

次其韻片刻而成爲存其眞雖有率筆不欲改之

子蘭已當國，屈原眞可歎。無爲戀闕庭，臨風尙嗚咽。上官與鄭袖，孰理民飢渴。徒知作威福，豈惜國土裂。放逐復何悲，丈夫志氣烈。形容已憔悴，去矣心已決。莫管後世人，建否紀功塔。且看橫行者，終將隨泡滅。我悲楚懷王，識人未眞切。諛言日入耳，堅牢難摧折。相從數十年，肝腸豈不熱。世間多懵懵，誰知貞松節。

王化行將軍邀宴賦詩相贈

將軍宴客多美酒。將軍量寬過十斗。禮賢下士笑語溫，胸中丘壑包萬有。章貢合流得贛名。贛石磊落水深淸。吾鄉自古多才士，將軍今作國干城。東方發白衆人起。韻語琅琅眞悅耳。時余誦讀尚少年，至今記憶猶復爾。夫人興學立奎山。嘗蒙相邀一盤桓。生徒詩文皆上口，想亦紹承舊緒端。又聞夫人相與語。極稱將軍目如炬。目誦通鑑下十行，驚爲神人來天宇。將軍今已掌樞密。他日元戎問治術。爲官作吏孰當先，宜云莫如通鑑急。爲官如未讀通鑑，牧民治事誰敢必。史事如龜亦如鏡，政之良窳現一一。通鑑歷記國興亡。匹夫有責何能忘。故爾不辭長覶縷，期能黽勉振天綱。經史不厭百回讀。豈能棄之如垢濁。吾華文化當發揚，長詩寄呈秉機軸。一篇賦罷意翻紛。片心憂國訴殷勤。試看隔海妖塵闇，登高招臂仗將軍。

江應龍教授周甲續絃戲贈以詩

江郎彤管晚生輝。彩筆今將重畫眉。丘壑低昂光景好，莫辭辛苦折芳蕤。

有寄

一日相思十二回。教余思緒盡成灰。何時獨對傳情愫，相慰相憐得暫陪。

前詩賦畢意有未盡續成五言絕句一首

吟成廿八字，聊寄我相思。萬里流觀後，卿卿莫淚滋。

寄南盦韓國

高低腴秀一時妝。盛道新羅簇錦芳。鴨綠樽前春意滿，想來詩興定昂揚。

七十年國慶感賦

國慶歡騰薄海同。邦家七十喜由衷。三民主義光輝遠，共產妖言伎倆窮。眼看神州千萬衆，心懸蓬島太平風。擎天一擊乾坤轉，區夏重恢路已通。

問夢機

心懸師橋主騷壇。底事詩盟一再寒。是否騎鯨人已去，因教意興轉闌珊。

告別文化大學中文系文學組全體同學

因知無望始投潭。泣玉荆山事豈堪。滄海月如冰樣冷，惘然詩意竟難參。

示永武

人言詩是窮人物，富貴飛騰豈用之。無怪黃郎詩少作，原緣得意不須詩。

讀烏臺詩案感賦一絕

骨鯁嶙峋筆有神。烏臺難屈歲寒身。天容海色終無損，可笑青蠅何正臣。

莊君幼岳惠我詩集報之以詩

開卷如觀錦繡團。寶刀光耀采雲端。垂陰葉出千尋樹，照鑑詩無十日寒。賢聖何人容細說，珠璣滿眼且先看。幾時相識莊存與，奉手求頒一束蘭。

三民主義統一中國歌

黃河黃。長江長。五千年歷史，千萬里封疆。聖哲有孔孟，聲威出漢唐。臺灣行仁政，梅開遍地香。聽！炎黃世胄億萬千，海內海外齊聲唱。馬列思想已破產，共產主義無希望。看！中華民國國富又民康。青天白日萬丈放光芒。同胞們！挺胸膛。快奮起，莫徬徨。三民主義統一中國，中國一定強。一定強。

四川大水災

四川本是天府國。岷峨青翠蜀江碧。成都平原足禾黍，自古豐衣又足食。濯錦江邊錦如茵，嘉陵江畔帆如織。人煙稠密產物豐，視彼小邦遠自適。誰知今歲消息來，湯湯洪水奔湍激。平地淹沒剩幾村，高樓片瓦竟難覿。呼號哀哭愴災黎，失子喪妻親難覓。人爲苛暴干天怒，故教大水來蕩滌。可憐吾民遭天譴，奔逃競避無處匿。隨濤逐浪作波臣，永沈江底魚腹黑。僥倖未死得生還，衣食無著居無宅。時雖八月未秋涼，已感雨溼飢寒迫。救災遲遲無舉動，車薪杯水誰得益。哀哉彼亦我同胞，孰令流離至此極。何日層陰再轉陽，青天復見輝日白。嗚呼！何年何日見此時，使我同胞煩憂痛苦盡消釋。延頸企踵時時把目拭。

父親大人七秩嵩慶

上壽裁詩獻一篇。慈親長健喜油然。早攜兒輩東赴海，得免洪爐永受煎。教子成人辛苦極，從心入聖歲華妍。王師奏凱還鄉後，祝嘏延賓享盛筵。

恭壽景伊師七秩晉二華誕

裁詩獻壽七篇傳。爲慶南天不老仙。善發德音能化衆，欣看祝嘏屢開筵。文章今已追韓愈，名望還當壓鄭玄。壟畔相隨門弟子，丹心葵性總依然。

題陳光憲畫山水二幅

巉巖幽谷鬱蓊蔥。曲澗迴瀾迥不同。與世無爭安隱遯，葛天民在畫圖中。

入世原無名可逃。胸藏丘壑氣方豪。蟠溪石上垂綸者，引手寒潭一釣鼇。

山谷謂東坡喜笑怒罵皆成文章因改編為詩

喜笑言辭兼怒罵，芬芳錦繡盡文章。東坡才調眞難及，賢聖誰能與頡頏。

示菲兒

初冬寒氣至，中夜憶菲女。自汝墮地來，我意未嘗沮。珍如掌上珠，愛意深何許。小鳥慣依人，喜色盈眉宇。幼自外入室，必先尋汝父。覓之倘不得，斯鬧爲常舉。昔年暫相別，見汝淚如雨。今歲重相離，哽咽難成語。萬里隔重洋，骨肉不易聚。思之動我懷，愴然心搗鼓。汝今尙稚齡，異國寄逆旅。心中有煩憂，誰能爲汝剖。親者非骨肉，衷腸誰可吐。棲遲攖疾病，寂寞誰可怙。汝若常滯留，我心已先憮。長篇重囑咐。愼之莫獨處。母歸隨之歸，母留爲之侶。意緒千千萬，一一付此楮。

再呈薇史師

猶記裁詩在眼前。匆匆歲月又經年。春風絳帳無窮意，何日方能重侍筵。

秋柳 次漁洋前後首韻

其一

往春搖曳最銷魂。秋葉凋黃不掩門。灞岸昔攀行客手，沈園難見舊綿痕。玉關道上霜爲絮，老樹枝頭雀啅村。我對枯條長太息，此中哀怨向誰論。

其二

綠意凋殘劇可憐。楚腰纖細轉成煙。鳴蜩葉底曾聞語，墜絮園中不見綿。生肘夢回餘恨事，題詩才捷憶當年。軟枝難抵頻攀折，空剩霜根在水邊。

伯元吟草卷六

（起民國七十一年元月至民國七十一年十二月止）

詠諸葛公詩

南陽諸葛公，躬耕壟畝上。時爲梁父吟，一吐志所向。竊比於管樂，管樂豈多讓。如龍潛在淵，龍在淵水漾。使君聞卧龍，求賢三走訪。似魚今得水，歡欣何等樣。感激許驅馳，開濟爲輔相。鞠躬盡瘁已，身軀早已忘。魏吳三鼎足，安危全倚仗。出師一表在，千載情跌宕。星墜五丈原，蜀人涕泗瀁。至今巴蜀土，猶未減崇尙。縱爲吳魏土，高風亦仰望。何世無才雋，孰與諸葛況。嗚呼諸葛固爲人中龍，使君實爲馴龍將。倘無劉使君，何來諸葛亮。君臣相遇眞堪羨，世無使君爲之一愴悢。

擬應聘赴港執教上景伊師

鵬翼摶扶南海去，追維訓誨實難忘。尋今能得逍遙樂，緣昔曾叨雨露光。白雪雖敎春事晚，貞松益勵歲寒蒼。心香一瓣無窮意，永念師恩日月長。

華岡創校二十週年詩以賀之

曉公胸次具經綸。化澤恩霑二十春。豈止新知開境界，能令舊德煥精神。系科盡納中西學，道統眞傳孔孟薪。造就華岡諸俊彥，四方爭看擊鵬鯤。

今夏朱子學會議將在夏威夷舉行日本友枝龍太郎美國陳榮捷相互唱和以寄仲華師師次其韻成朱子學四詠八章縱言朱子學之在中韓日美大雅新聲迴非凡響以詩

見示亦次其韻二首

因看物慾漲洪波。不惜陽春和俚歌。要喚溥天能共識，程朱之學化人多。

不辭萬里遠程臻。應是高明識見新。欲拒詖辭師孟子，長留浩氣貫天人。

夜坐思詠琍

長年久別鬱吾思。望眼穿時又改期。午夜寂寥誰識得，此中艱苦獨心知。

厚建先生聆余講蘇長公於高雄師院惠函獎飾復賜長句因次韻奉答

文字精研詩始工。道如韓信將兵同。眉州神貌千秋在，玉局聲華萬世崇。遠辱敬之承獎飾，羞爲山甫責浮空。嶺南峰水多奇秀，自育超然國士風。

戲效東坡一字韻詩以詠東坡

骨鯁堅剛驕亘古，耿光勁鞹揭高竿。公歌佳句金規舉，劍閣高關各拱觀。九界均甘矜軌紀，廣京俱競見巾冠。家居更解君孤介。急捃瑊瑰謇吃咱。

夜飲贈汪中

夜靜持杯意興長。酣來胸膽始開張。詠懷才拙難追阮，對酒情深喜有汪。論誼我應參北面，蟄龍君尚卧南陽。他年林下逍遙日，策杖相隨醉幾場。

碧潭踏青次東坡臘日遊孤山韻示門下二三子

碧潭水，碧滿湖。翠碧如玉似此無。暮春三月春花飛，踏青趁早相邀呼。出遊雖未攜妻孥。青衿相伴亦多娛。碧亭先煮碧螺春，沁心浹肺散鬱紆。以山爲枕天爲廬。乾坤一體誰云孤。松陰之下草如茵，微風颯颯搖青蒲。吟詩聲撼塚中夫。興致昂揚不覺晡。課罷徜徉山水間，悠然自在眞良圖。舞雩歌畢興有餘。群生相訊意蘧蘧。敎室若此誰還逋。課間眞樂難詳摹。

夜飲復次前韻

何處有，酒如湖。夜夜沈醉煩惱無。邇來世事頗喪氣，浮雲蔽日陰風呼。早歸閉門對妻孥。粗餚薄酒還堪娛。飲來一醉解千愁，盡散積年胸鬱紆。何不量力守故廬。難陳委曲心跡孤。鵾鴞日夜鳴衡軛，秋霜竟欲凋秋蒲。當年浩氣呑萬夫。今欲息機及未晡。萬里雲飛隱南島，攜壺把盞眞良圖。昔奉君子杯無餘。今來漸夢蝶蘧蘧。惘然身世兩相逋。人情變幻誰能摹。

賦呈景伊師二首

海闊憑魚躍，天空任鳥飛。依依相別後，垂淚立斜暉。

常思量守奉餘杭。此別悽然欲斷腸。永念師門恩意在，天涯海角總難忘。

再呈景伊師三首

世事歎紛如。南翔意豈舒。今來分外累，爲接目空胥。一手天難蓋，卅年願盡虛。抬頭雲黯黮，相壓令親疏。

憶從柔兆接清塵。屈指韶光廿六春。往日有知無不盡，比來相見每難陳。只緣門下棲烏鳥，遂令堂前仆石麟。每念師門恩意在，傷心難已淚潸潸。

諄諄教誨實難忘。度我金針始有方。桃李滿園花滿樹，師門絕學應誰當。

詠虹

喜融融。午後見長虹。西邊日出東邊雨，雙橋浮拱碧空中。翠綠山前揮彩筆，誰人點染畫圖工。須臾無影又無蹤。萬紫千紅依舊總成空。

聞甬盦兄近喜陶詩因賦一篇贈之

君言詩喜陶。此論境彌高。我今喜讀蘇，蘇亦陶之曹。超然物外趣，猶未及陶豪。東籬餐落英，世事一牛毛。白衣送酒來，蹁躚爲濁醪。與人難俱論，榮華孰衰褒。從君十年遊，雲路快翔翺。我亦爽心人，志逸意氣敖。當路多厭之，棄如酒粕糟。惟君不我捐，容余一嘯嗷。相逢眞樂處，癢倩麻姑搔。亦欲學陶蘇，芝玉散庭皋。

食鰻

水族之中蝦與蟹。令人垂涎頤爲解。持螯對酒增歡怡，佳味如同甘露灑。今尋山珍不易得。人云河鰻鮮可食。枸杞紅棗雜當歸。蒸出碗中鮮且肥。起匙連湯各啜羹，食者色舞見眉飛。河鰻鮮嫩腹而腴。山雞野鶩豈能逾。食罷擲箸一長歎，過貪口腹何爲乎！

榴火

五月榴花照眼紅。驕陽騁勢熾炎風。何妨細柳涼陰下，一枕淸幽百慮空。

余應聘香港浸會學院中文系任教系中同仁擅長於詩者衆紛出相示乃不自量率賦三首藉酬不棄之盛意聊表欽遲之微忱耳

贈何遯老

西江詩派總堪誇。一代宗師氣自華。老樹盤根森鬱鬱，錦囊收盡好煙霞。

贈金滿兄

入眼如觀綴色絲。清詞麗句動人思。南來講學眞良計，喜得韋郎五字詩。

贈耀南兄

海天愁思正茫茫。捧讀瑤章喜欲狂。十月東瀛詩百首，捷才應許續陳王。

將謁薇史師先呈一篇

廿載難登君子堂。心隨北雁久南翔。今宵絳帳親謦欬，往日孺思得報償。爲見康寧猶似昔，定知翰墨更留香。攜來蓬島生徒意，想望恩師歲月長。

港大學生抗議日本竄改侵華史實向中共

政權呈遞血書有感二首

翻雲覆雨史迷茫。瀝血成書斥寇狂。無數亡魂冤莫訴，獨夫猶自顧稱王。

忽聞海上潮音響，碧血丹心尚未泯。一士昂揚揮健筆，可憐無補費精神。

耀南與希真唱和各以詩相示亦次其韻一

贈耀南一贈希真

人生看得幾清明。把臂相知覺有情。綵筆總能干氣象，邇來風采已傾城。

青眼開來睇盼明。阮公昔待稽康情。與君傾蓋如相識，自有新詩落管城。

希真和絲字韻詩亦再答之

和罷君篇見鬢絲。腹空眞愧苦吟思。閉門覓句陳無己，爭望春潮帶雨詩。

耀南贈我有詩亦用原韻答之

昂揚揮筆感豪情。瀝血成書道益明。鈴木見之當落膽，聲名應震北京城。

幼川兄惠贈大著歐遊散記詩以謝之

使君惠我歐遊散記書一本。令我隨君遊興臻遐遠。阿爾卑斯山上雪妝梅，巴黎鐵塔穿雲巘。蘭思藍屋耐人思，瑞士錦簇如閬苑。荷京嬌蕊俯相親，傳神尤勝畫工穩。羨君筆陣散珠雕琰琬。愛君清思情致極繾綣。謝君贈我璆琳勤且懇。答君一章聊寫我誠悃。

昆崗兄惠贈筆墨詩以謝之

謝君贈我筆和墨。一桿在手思顏色。烏金黑玉發冷光，生香直態豈易得。南來相識盡豪英。青眼睇盼更有情。聊賦新詩弦上語，高山流水曲常縈。

讀希眞壬戌中秋感懷詩失子之痛溢於辭間因用東坡失子詩韻賦慰

往有東坡老，羈旅失愛子。更有文侯師，喪明情亦似。今讀希眞詩，彷彿觀舊史。悽愴不忍聞，缾罄罍之恥。人生如夢蝶，孰悲孰爲喜。君今正壯年，何苦悲乃爾。勸學逍遙莊，鼓盆一笑耳。欲去苦海浪，先乾愛河水。

勒馬洲望大陸

我從臺灣來，駐足勒馬洲。前眺深圳河，眼底即神州。青山依舊在，綠水亦常流。只是風雲改，魑魅滿山丘。懷思三十載，時從夢中遊。今朝雖咫尺，夙願仍難酬。低徊無意緒，秋風添客愁。客愁增未已，此恨終無休。妖氛何時滅，隨興任我留。思念永不斷，日日拭吾眸。

遯老贈詩謹步原玉奉答

灌耳聲名非一日。相逢如入芝蘭室。豫章故郡是君家，我從虎頭城下出。吾鄉人物自足誇。詩成宗派粲春華。遯翁筆走龍蛇鬱，光芒萬丈穿雲霞。

附·何敬群陳博士伯元鄉兄以詩見贈倚韻衍為短歌以謝

海隅氈席欣今日。難得同鄉又同室。我昔雙江鷁寄家，君從八境鵬摶出。新詩貽我足珍誇。射斗龍光動物華。擢秀已看佳氣鬱，建標更作赤城霞。

耀南讀幼川歐遊散記以書名嵌句幼川和答並以贈我因賦二章以答二君

東瀛吟罷詠西歐。海北天南總是遊。散落塵寰兩仙客，記追風雅衆人謳。

愛水憐山學柳歐。身懷綵筆寫西遊。散拋珠玉成雲錦，記事空靈續楚謳。

分薛濤箋贈停雲社友

有人贈我薛濤箋。遠寄停雲社友前，筆陣散珠編作錦，可能重詠昔流連。

有懷停雲社友十首用後村湖南江西道中詩韻

我非詞客不沈湘。卻走香江入醉鄉。美酒如泉隨意取，夜深把盞憶遐方。

思如遠道草芊芊。古意凋零一黯然。欲起詩魂追漢魏，相期橫槊建安邊。

登高招臂振雄風。作字吟詩兩絕工。對酒還能長夜飲，語圓冰潔一汪中。

岷峨聳翠地清嘉。問蜀詩人幾大家。在昔蘇仙能白戰，戎庵今可筆生花。

瀟湘斑竹色蒼蒼。起手能詩水部郎。勁筆穿雲輕萬戶，應吞丹篆入中腸。

聞說東瀛伴客嬉。當年攜酒對娥眉。風流應是樊川後，千里鶯啼滿篋詩。

人稱詩佛輞川居。玉面團團萬卷書。畫裡藏詩詩有畫，應能

重振舊凋疏。

沈隱侯今病可平。莫令歲月半床明。吉人若已逢天相，定有

新詩落管城。

山谷稱宗詩派開。履常覓句閉書齋。文山正氣彌天地，次第

相尋入社來。

顏生才調亦難期。尤陸齊肩世所知。和得後村詩十韻，不忘

當日訂盟時。

題廷焯學長藏唐鳴鳳在樹鏡用杜甫戲為

六絕句韻

八角菱形舊鑄成。鳳鳴在樹紫氛橫。欲傳當日賢王意，爲和

新詩報友生。

冰華玉彩久長留。照徹興衰尚未休。又使人間簪筆客，重編雲錦說風流。

李杜蘇黃氣象豪。文章一代振風騷。金題鈿軸誰能繼，傳雅應須屬我曹。

敗寇成王事未公。當年劫舍竟稱雄。千秋金鏡應能說，好惡妍媸在鑑中。

古鏡無疲屢照人。安和應與德相鄰。貞觀慶曆垂佳範，鑑取前王示後塵。

鳳鳴惡殺莫生疑。秉政諸公欲取誰。虞舜唐堯仁德意，愛民如子盡須師。

幼川再疊謳字韻嵌字詩相贈亦再答之

論文何用識韓歐。近與南豐子固遊。散後若能重聚首，記曾聽我楚人謳。

次韻希眞壬戌重陽前三日旺角一品香紀事詩二首兼示幼川

把酒持螯細啜嘗。須知三日便重陽。登高避難今何地，酌我無多盡幾觴。

苔岑相契自凝香。對酒論文意興長。南海清波方瀲灩，高山流水曲難忘。

次韻遯翁壬戌重陽

南來此日值重陽。也擬登高陟屺岡。綵服娛親情久闊，征鴻成列夢仍涼。遺民淚盡王師遠，巢幕詩增港客傷。天意若隨人意轉，相期結伴早還鄉。

附·何敬群壬戌重陽步公遜韻

雁到霜前歲亦陽。登高宜與上崑岡。下看禹甸天須問，近住楞伽境未涼。涷雨喧豗難祓禊，昆雞啁哳感悲傷。無心更作龍山會，巢幕何堪是異鄉。

有感

飛鴻過盡無消息，滿眼浮雲積遠空。重憶昔年門下雪，天涯灑淚向秋風。

戲贈希真

韋孟裁詩走馬成。尤能含蓄寄深情。莫將駢拇枝離語，聽作晴空霹靂聲。

浸會學院中文系成立二十週年詩以紀之

浸會中文二十年。南來正好賦詩篇。黌宮濟濟欣多士，衆志殷殷喜並肩。論學宜融今與古，傳薪不絕後承先。吾曹共負興亡責，鐵骨當如柱頂天。

恭壽景伊師七秩晉三

夫子今年七十三。優遊歲月正覃覃。儼然之貌同先聖，厲也其言覺後潭。地隔臺灣勞北望，潮連香港暫南眈。葵心向日仍如昔，愧未堂前伴酒酣。

東坡赤壁泛舟九百年敬步遯老原韻

民國壬戌秋，停雲詩友集。欲歌蘇長公，淸風和明月。公爲萬世人，丰神自俊逸。忠義注骨髓，寧論得與失。峰巧能障日，無端遭遠謫。扁舟橫大江，萬頃煙波闊。行雲賦赤壁，高懸輝日白。公乃龍中傑，如龍潛淵澤。龍去淵潭空，江水爲嗚咽。方其揮椽筆，天下稱豪客。思能驅虎豹，一寫胸襟豁。恨余生也晚，與公五朝隔。自公泛舟後，掐指年九百。

斯人難再遇，典型存夙昔。歌罷似耳聞，英聲響天末。

附·何敬群壬戌七月值東坡作赤壁賦九百周年

永和癸丑春，蘭亭序稧集。元豐壬戌秋，赤壁賦七月，一序自風流，兩賦尤超逸。緬維蘇長公，泰然忘得失。身當顛沛中，夷然住遷謫。西望夏首浮，東去大江闊。英雄淘已盡，風月自清白。淩波舟一葉，扣舷遊楚澤。橫江鶴聲唳，橫棹簫聲咽。洗盞再酌酒，揮毫對座客。作賦日月懸，當歌肝膽豁。快哉逍遙遊，邈矣千歲隔。甲算周十五，歷紀剛九百。山河有殊異，風月無今昔。何由步臨皋，渺渺望天末。

觀荷步遯老韻

淩波仙女浴寒漪。玉立亭亭萬頃陂。花送清香香婀婀，蓋擎圓葉葉離離。多情斷藕絲絲意，翠扇搖風習習池。最喜操持冰皎潔，污泥不染可規時。

附・何敬群觀荷

亭亭淨植出清漪。有美清揚澤與陂。濯濯鴛翻晴瀲灩，田田魚戲影迷離。門前綠隔橫塘路，勝處白開功德池。但許遠觀毋狎玩，濂溪叮囑已多時。

壬戌冬與遯老幼川希眞聚飲旺角醉瓊樓遯老賦詩紀興因次韻奉答並柬幼川希眞二子

魯殿靈光獻一巵。巋然矍鑠出新辭。羨公才似行空馬，愧我胸無織錦詩。得趣忘年遺遠近，起衰救弊共推移。煙霞滿室人長好，擊節高吟意自怡。

附・何敬群伯元博士招飲醉瓊樓時一九八二年歲盡賦此紀興並柬同席

醉瓊樓上泛瓊巵。今夕陶陶醉不辭。笑我婆娑茶當酒，欣君
豪縱缽催詩。鹿車漸報佳音近，蜡鼓頻傳歲序移。暫喜蓬萊
清且淺，好開懷抱共怡怡。

伯元吟草卷七

（起民國七十二年元月至民國七十二年十二月止）

民國七十二年元旦次邈老韻二首

履端振響笛聲傳。萬戶春風換綵箋。寶島芳馨盈瑞靄，神州靉靆滿狼煙。遺民久盡千行淚，鐵幕深垂卅四年。何日中原回漢朔，抬頭我欲問蒼天。

蟲沙浩劫有窮無。憶萬生靈尚炭塗。不信神州終黯黮，細觀舊史識榮枯。始皇任暴秦祧滅，光武親仁漢祚蘇。速解倒懸人共望，出師吾欲大聲呼。

癸亥元日

煢然一室如行腳，逆旅無心慶履端。霹靂一聲添客淚，飄零卅載少顏歡。仰觀兜率希天變，俯視松筠厲歲寒。人盼星移輝日白，好容歸去供春盤。

薛濤箋

長安昔有良家子。八歲能詩聞錦里。枝迎南北往來風，阿父愀然不忍視。長大營居浣花溪。門前便旋急馬蹄。恰似芳菲春滿樹，招惹蜂蝶遍詩題。錦江滑軟峨嵋秀。蜀宮故使揮紅袖。擣成霜雪細鱗紋，上繪佳人顏色茂。千載人傳薛濤箋。

次韻希真送余返臺

今朝相對感芳鮮。遠寄停雲諸社友，好將詩思發華妍。娟娟眉月照窗軒。手把來詩上屋園。南望風狂雲更急，難忘香港酒盈樽。

次韻希真獨坐浸會學院見懷

每憶香江對酒歌。吟詩不覺意如何。蓬瀛相對重聯句，莫讓光陰擲隙過。

奉答希眞壬戌冬夜有感

過眼詩篇次第催。懷思滿紙感君癡。多情憐汝難成寐，振筆欣然和爾詩。

別華蘄二兒

兩週相聚匆匆過，直覺光陰似逝波。迗往迎來徒悵惘，此生虧汝歎如何。

次韻戎庵賦詩相寄

獨居無緒未成篇。忽遣瑤章到眼前。手筆眞如錐脫穎，詩情應謝墨爲緣。蒼松勁節添貞色，玉蕊寒梅滿海邊。來歲中原回漢朔，相將歸去賦吟箋。

附·羅尙寄伯元香江

聞得新詩百十篇。中流自在往無前。遙知客地持杯酒，廣與騷人結墨緣。柳葉已舒鯤島上，梅花應發宋臺邊。登高一望停雲處，雙鯉來回寄錦箋。

余初謁涂文公遂於香江蒙賜大箸浮海集莊讀之餘賦呈長句

往日聞聲已絕倫。今從海嶠識淸芬。垂陰葉出千尋樹，入眼光騰萬丈雲。議政心惟存法統，傳經志在振斯文。蒼松翠柏堅貞節，勃鬱盤根自不群。

春遊沙田萬佛寺

香江春色久陰沈。乍見披雲上碧岑。萬佛心傳戒定慧，一言諦澈去來今。月溪避難開南派，笠首遊方有會心。最喜碑銘存漢朔，大千世界足徽音。

香港黃大仙廟

相傳三教共祥煙。靈異眞人降九天。巍廟區分儒道釋，信徒競拜佛神仙。求籤匍匐民相湧，博彩貪婪慾莫塡。富貴浮雲如孔聖，門庭冷落固當然。

壬戌香江泛海行

東坡赤壁泛舟九百年。我亦香江海外泛遊船。風馳電掣騰雲霧，白浪隨舟波漣漣。一葦騁滄海，萬頃眞茫然。回看港島上，太平峰頂蒼翠滿山巔。七洋五洲機輪聚輻輳，市廛巨廈高聳攙雲天。大開馳道千條寬，遊人如鯽車如泉。繁榮與安定，景物多華姸。震雷忽響九霄外，一九九七聲綿綿。毒龍張牙舞爪口垂涎。東方之珠人心顫慄眞堪憐。哀我同胞寧在英人殖民統治下，不欲棲身暴政受熬煎。自由自由爾何價，應比生命更難捐。幾時祖國雲開見白日，仁民愛物政教次第宜，同胞歡欣相率舞，重歸懷抱樂無邊。

道風山 並序

余所寓沙田第一城，對岸道風山，密林幽徑，爲遊憩勝地，上有基督教院，朱門雕樑，懸一鐘約百斤，移自滬上，未聞鐘聲，旁有涼亭，小院院門額題國父孫中山先生手書博愛二字，聞該院以瓷器加工，行銷海外，招攬大陸逃難同胞，教其習藝，資其衣食，三十年來，活人無數，誠無愧博愛之旨也。爲賦一律。

翠嶺名山號道風。登臨勝地散心胸。幽階碧草自春色，古寺雕樑空好鐘。曲徑穿行遊客少，叢林展步瘴煙濃。孫公博愛同基督，無怪欣然逆旅逢。

新界紀遊八首

爲避囂塵入海隅。清幽安適數龍珠。風縈波面春光好，夜雨瀟瀟夢也無。

咖啡灘畔黃沙滿。稚子歡欣投石卵。七彩輕帆駛急風，翩翻似鳳毛翎散。

青山別墅號容龍。嶺上煙嵐積翠濃。枵腹尙能求一飽，車憑電動舞兒童。

騁目賞心隨我友。青山道上同攜手。兩家兒女共歡欣，鳴鳳嚶嚶情意厚。

晨來風雨斂雲端。攜手青松訪道壇。殿上彌茫香霧繞，亭邊佇立詠春寒。

車入千峰百障中。山村遠樹綠新叢。精神一振旌旗舞，喜見青天白日紅。

急駛輕車驅鹿頸。山圍水抱如仙境。風光眼底即神州，欲近無從誰作梗。

明潭秀媚號新娘。自是翩妍時世妝。攬勝尋幽看不盡，他年有幸再端詳。

癸亥二月十二日晡時，余寓香港沙田第一城，驀然烏雲籠野，白晝如昏，電閃雷鳴，暴雨驟至。旋又杲杲日出，因紀以詩，而誌所見

鬱鬱飛煙陸湧潮。帡幪乍落怒風號。層雲疊疊籠山暮，銀線煌煌逐雨拋。耳畔響雷撞急鼓，門前碧水漲洪濤。歷經巨變天心易，終見長空白日高。

雨盦有詩見懷次韻奉答

多情懷飲伴，一豁到如今。神契詩和酒，味同苔與岑。朱藍隨所近，歲月計何深。把臂相歡日，醪澆應滿襟。

附·汪中客歲一別詩翰闕然寄此小篇以當問訊

舊雨春前事，簷聲淅迄今。得閑瀹新荈，乘興欲懷岑。意氣腰膂健，相思歲月深。尺書何日到，一傾豁吾襟。

香港離島紀遊十首

暮春陰雨幾多時。嫩綠鵝黃上柳枝。難得晴逢休沐日，遨遊任我碧波馳。

長風破浪急翩翾。回首香城霽色妍。聳峙千幢樓滿目，蒼茫萬頃水連天。

輕舟抵處是長洲。攬勝縈迴一徑幽。怪石嶙峋如虎豹，人傳保仔寇蹤留。

翠日交柯石徑通。一輪紅日映波紅。尋幽好是春三月，拂面輕柔有暖風。

寶蓮寺在衆山間。殿宇巍峨豈等閒。驟雨狂風遊興減，齋堂相對坐愁顏。

大嶼雲橫翠滿巔。一峰高聳與天連。輕車曲徑穿行急，柳綠桃紅百態妍。

澄碧山坳蓄水塘。衝天銀柱勢皇皇。尤驚鬼斧神工妙，細澗居然起霈滂。

島嶼離離碧海中。飛船來去勢如風。可憐無際波光好，大限臨時盡掃空。

舟中對飲意歡欣。流水知音幾許聞。欲識洋洋無限意，何妨振筆寫清芬。

細數年來聚散中。幾人如我與君同。嚶鳴相許聲相應，伐木長吟續古風。

賦贈浸會學院中文系畢業同學

一年相聚意如何？弟子殷勤笑語多。試算流光才七月，已聞到處起驪歌。傳薪應許添新火，述學還須出舊窠。願與諸君同努力，滄波萬頃釣靈鼉。

夜飲有懷雨盦

多情懷飲伴，永夜念何深。蓬島盃相接，香江酒獨斟。春來雲靄靄，窗外雨淋淋。對汝雙聯坐，披紛感不禁。

附·汪中和作

莊云得全酒，夜盡不嫌深。古調頻頻誦，香醪細細斟。小花何婉孌，時雨等甘霖。湖海元龍客，襟懷感不禁。

賦贈蘇文擢教授兼柬戎庵

到處人人說項斯。今從海嶠識光儀。垂陰葉出千尋樹，古錦囊存萬首詩。筆健無慚蘇子後，波流眞有杜陵姿。他年蓬島相逢日，定約羅含共酒巵。

附·何敬群伯元博士以贈文擢教授戎庵先生之作見示亦次韻分呈三君

振雅揚騷意在斯。三人莫逆互心儀。約傾渭北論文酒，定有城南聯句詩。白詠花間邀夜月，杜迴岩上媚春姿。大聲鏜鞳輸公等，笑我詹詹日出卮。

遯老惠和贈文擢詩賦此答謝仍用前韻

揚騷振雅志勤斯。一老堂堂素所儀。胸有五車歌白雪，水傾三峽瀉千詩。陳編入手翻新境，魯殿流輝挺異姿。論誼我應參北面，竟蒙青眼共瓊巵。

附・蘇文擢和答

世情毷氉已如斯。歸戀觚稜漢舊儀。傾蓋預期揮手日，探囊先贈感懷詩。空憐作繭春蠶老，喜接騰霄海鶴姿。轉眼蒲榴櫻筍熟，驪歌重與侑深巵。

附・羅尚奉酬遯翁詩老伯元教授並柬文擢先生

港臺酬唱盛於斯。一代風騷曜羽儀。遙羨九龍同把琖，可憐京國獨吟詩。德星聚處天應笑，明月生時海弄姿。聲氣相通千古事，傾談不覺似傾巵。

停雲詩社久無音訊有懷夢機

渭北江東細雨霏。隔簾春樹暮煙微。差池短羽離群久，振翼還須仗夢機。

觀文擢戎庵唱酬之什有懷戎庵

落筆成珠玉，酬詩密似蠶。翻河詞滾滾，積雨翠潭潭。短羽離群久，瓊杯引酒酣。思之人不見，一簡到戎庵。

附·羅尚和答

香港應嘗荔，臺灣已罷蠶。飛聲來白雪，和韻在青潭。刮目詩高健，開懷飲暢酣。思君如見面，滿月照戎庵。

賦別浸會學院全體同學

香江設帳意歡欣。弟子追陪笑語頻。應有眞知傳絕學，豈惟大輅出椎輪。三通響鼓殷勤會，一曲驪歌記憶新。此別仍須同努力，容余他日看嶙峋。

希眞生日詩以壽之

流水知音幾許聞。常持樽酒細論文。同攀渭北春天樹，共仰江東日暮雲。皎皎性情如白玉，斑斑辭采耀鱗紋。一盃相祝無窮意，願子鵬飛早出塵。

次韻奉答希眞癸亥秋日贈行二首

香江風雨見交情。千嶂煙霞入管城。春樹暮雲無限意，此生最憶是南征。

文章錦繡織千絲。火爆燈花到適時。莫道機聲添別恨，須知君子淡彌思。

附．韋金滿癸亥秋日贈伯元二首

交契深如兄弟情。聯吟競酒聚銀城。堪嗟此後分南北，目送秋鴻萬里征。

機聲軋軋雨絲絲。正是銷魂賦別時。席上無言君莫笑，多情自古惹愁思。

與希眞同遊九龍宋皇臺

宋皇臺畔共清遊。斷碣殘碑兀自留。千載興亡無限恨，感今弔古兩心憂。

余應聘香港浸會學院中文系講學期滿遯

老賦詩贈別因和韻奉答

共擁皋比共梓桑。若論儕輩丈人行。傳經早已承休晏，樂道居然過邵張。妙思縱橫抽乙乙，騷壇稱譽仰堂堂。他年重聚歸鄉去，定和東坡八境章。

附．何敬群伯元鄉兄將歸臺北賦此以贈

海外相逢說貢章。江西流派仗擔當。芝蘭同氣芳華發，臺港聯鑣旗鼓張。稷下談經推祭酒，河梁分手賦同行。何時九字重光復，菊徑松陰話梓桑。

與希眞同訪香港長洲張堡仔洞聯句

乘風浮海去元，攜手賞春光。雨霽青煙裊眞，船開白浪張。回看香島上元，聳入白雲鄉。寶洞懸崖闢眞，輕舟一葦航。嶙峋多怪石元，掩映幾垂楊。躡蹬探幽勝眞，盈眸有嫩黃。逍遙眞適意元，瀏覽覺寬腸。冉冉金波蕩眞，漫漫歸路長。聯吟聲慷慨，相對語軒昂。樽酒誰斟酌元，瓊漿共品嘗。熒熒燈照眼，悄悄月侵廊眞。搜句思量苦，來朝鬢更蒼元。

恭挽景伊師

余從景伊師游二十有七年追憶前塵無限哀感因撰挽辭二十七章詞雖不工聊寫悲懷耳

自從師大識清風。廿七年來恩義隆。涕淚縱橫歌楚些，此生思念永無窮。

先生待問似撞鐘。學海無邊豈易逢。最是難忘勤教誨，諄諄相勉作貞松。

憶昔持杯對面雙。粲華詞釆瀉三江。蔦蘿幸託淩雲樹，絕學還堪獨力扛。

昔年相見語遲遲。盡把金針度我知。問字玄亭沾化雨，商量舊學每忘疲。

執經問字每依依。振翼高飛莫暫違。猶記摶扶離別日，殷殷叮囑早來歸。

羅胸常有五車書。桃李成陰手自鋤。每歲南山頌長壽，交柯枝葉盡扶疏。

丹心許國早忘軀。欲挽狂瀾志不渝。卅載辛勞勤墾植，三千弟子共匡扶。

風雨瀟瀟夜晦迷。高鳴不已報晨雞。精誠長照塵寰裏，定激清波更向西。

人生壽命有無涯。端視傳薪孰等儕。每對遺容心激蕩，吾師風範滿襟懷。

萬卷蟠胸酒一杯。先生豪興自然來。窮經究史詩文健，麗藻鴻辭次第開。

步履追隨廿七春。先生傳道足精神。能揚正統章黃學，當代應推第一人。

師生相得若龍雲。樽酒當年著意薰。絳帳絃歌長不斷，此心皆在拯斯文。

每逢笑語即春溫。容貌難親手澤存。白雪譜成歌一曲，更誰堪與細重論。

當代文章自屬韓。泰山崩後倩誰看。孤燈照影漫漫夜，無限

哀思折肺肝。

師門恩義重如山。一泣瓊瑰恨莫攀。每對遺言思舊德，愴懷

難已淚潸潸。

幸識恩師導我先。莫爲之後道何傳。傷心一入重泉後，世出

斯人待幾年。

去歲吾蒙浸會招。香江設帳亦逍遙。誰知再見先生日，病榻

纏綿已寂寥。

先生病革我心焦。塵事紛紛一手抛。萬里歸來重覿面，艱難

吐字費推敲。

愁覘藥飲發悲哦。劇痛恩師受折磨。兩眼相看知有意，可憐

無語淚如波。

噩耗驚傳意鬱陶。經營喪葬敢辭勞。蓋棺黨國旌旗壯，傾盡葵心日愈高。

腹有詩書氣自華。恩師器量衆人誇。生徒奉手門牆後，莫不同然共此嗟。

能開風氣似歐陽。一振頹波道益皇。當代宗師人共仰，門前亦應有蘇黃。

颯颯秋風露氣清。孺思難已及門情。堂前桃李花千樹，絕學誰當隻手擎。

燈前小字寫黃庭。詩稿如今已殺青。定使先生浩然氣，常留宇內作儀型。

門牆百仞忝先登。壇坫當年日見稱。後死未能揚絕學，如斯弟子豈堪憑。

時當柔兆始從遊。屈指韶光廿七秋。往日有言無不盡，今朝未語淚先流。

佳城一閉鬱重陰。追憶師門恩義深。今日哀歌和淚下，可能重聽我沈吟。

結婚二十年贈詠琍

二十年前値此辰。張燈結綵喜延賓。彩帶紛紛飄墜額，偸覷恰見似含嚬。

送走盈庭道賀客。三生緣定相憐惜。凝眸共訴萬千情，莫把春宵輕拋擲。

幾多稜角受磨摧。換來琴瑟互調諧。同心攜手人生道，登山涉水永相偕。

兒女相隨來墮地。往日擔馱眞不易。飢時呼食寒呼衣，雙肩重責難迴避。

十載光陰九遠征。別來歲月益淒清。何日柔荑重把握，相攜再注更深情。

壽岳父八十

柏臺高節久巋然。當代誰人可並肩。謀道從來身不計，敢言原在德無愆。東床坦腹蒙青眼，北面稱觴獻壽筵。但願綠醽常滿酌，杖朝今祝大羅仙。

次韻希眞雙十國慶有感

香江今又起狂風。無數樓臺煙雨中。雙十來時旗偃仰，三民繼統衆尊崇。茫茫前路人何往，鬱鬱羈愁孰可通。暴政卅年眞剝極，巨奸應已覺途窮。

附・韋金滿癸亥雙十國慶有感

翩翩旌旆笑迎風。處處牌樓耀眼中。二哲威儀人仰止，三民遺教世推崇。香江信美誰安住，寶島雖遙意早通。卌四年來頻北望，關河搖落意無窮。

韓國崔勉菴先生一百五十週年誕辰紀之以詩

東鄰有奇男。師錫號勉菴。幼生骨相秀，星眼如劍鐔。稍長近文字，經史固所躭。心切孔孟義，浩氣眞潭潭。忠義注骨髓，直如汲黯憨。平素敦道德，仁風深廣含。憂思朝綱墜，疏奏萬象涵。群姦橫摭拾，誣蔑罪豈堪。咸欲置大辟，以令公口弇。元豐東坡厄，先後爭相參。放逐濟州島，亦在國之南。月明雲散後，長空現晴嵐。東倭逞霸力，呑食如鯨蠶。

五百年宗社，豈忍坐淹滓。公舉勤王師，螳臂撐矛鍛。雖敗囚對馬，不屈心無慚。文山與忠烈，得君鼎足三。英靈長不滅，應可勵頑貪。一百五十年，累葉榮恩覃。長篇歌義士，亦覺歌聲酣。

金伯叔自贛寄詩次韻奉答

海外羈遲久，鄉關遠注眸。崆峒縈曉夢，章貢繫心頭。一峽親情隔，卅年掩鼻羞。長江東逝水，何日更西流。

附·陳金伯寄伯元海外

惠書來海外，喜淚濕雙眸。憶昔同窗侶，而今霜染頭。人為長隔絕，貽笑後昆羞。聚首期難卜，新愁逐水流。

醉酒

自詡元龍膽氣豪。陳遵投轄興彌高。醉來日月秋螢小，萬事紛紛一羽毛。

景伊師七秩晉四冥誕

年年上壽獻新辭。此日吟來淚又滋。秋草已枯難再綠，丹誠永在久彌思。遺文散落容編目，詩稿書成印有期。每念深仁春浩蕩，寸心何以報恩師。

伯元吟草卷八

（起民國七十三年元月至民國七十四年十二月止）

詠琍生日

絲絲蜜意寄詩篇。廿載同床亦夙緣。今日祝卿添歲月，柔情重注更何年。

歲暮有懷浸會學院中文系同仁

曾主任幼川

試擘吟箋香海濱。南豐君子自彬彬。獅山道上同來去，談笑無猜分日親。

也曾樽酒共持螯。把臂同論今古豪。第一城中頻聚會，相談不覺月輪高。

一樽曾與子同攜。到府令郎笑語低。問我別來何最憶，君家風味臘腸雞。

葭灰飛舞又窮年。往歲煙雲現眼前。數首俚辭邀過目，或能寒夜助清眠。

何教授遯翁

歲暮陰陽催短景，天涯風暴捲寒濤。遯翁詩已追工部，感慨成篇曲定高。

慷慨悲歌欲振聾。憂懷家國寄篇中。老來縱筆尤剛健，漸覺遯翁如放翁。

巋然魯殿發靈光。謦欬時親話梓桑。但願他年重侍宴，還吟八境出瓊章。

相投氣味早忘年。絕代才如玉局仙。更願我爲陳正字，常隨步履聳詩肩。

韋講師希眞

韋郎風度自翩翩。議論飛揚翰藻妍。自詡辯才眞不忝，每從竹下落言詮。

一樽屢與子同傾。臺港聯翩罄幾瓶。最憶澳門同賞月，聯吟清瀉共窗舲。

性情眞處寄詩鳴。懷燕廬詩鑑水清。一載香江煙雨裡，和君佳作滿箱籯。

疏梅報信歲將過。爲問論文成幾何。來歲頭銜新博士，君家置酒我高歌。

羅講師思美

往從絳帳識羅生。香海相逢更有情。鬧市驅車驕馬馭，陽關初接故人聲。

喜從玄理悟莊騷。不學蟲魚厭刻雕。一語奉君煩記取，倘能渾脫便逍遙。

君喜玄思悟道眞。皈依天主寄精神。不知九七年關後，可許靈臺不染塵。

旋轉餐廳眼界寬。尊師重道見心丹。更勞送我登機去，回首經年意尚歡。

楊博士昆岡

雲南才子氣神清。玄默無言自有聲。贄見勞投斑竹筆，與君蓋也不須傾。

語學百蠻能囀舌，文堪比較析精微。五洲四海名家在，一一繙尋道是非。

西南雲走粤江濱。化雨偏沾香海春。論學亦曾探杳渺，喜君秋水潔無塵。

燕吳楚趙屢長征。爲有閨中綺麗情。但願來年君與婦，圍爐相擁笑盈盈。

何博士文華

聞聲叩戶道生徒。曾在華岡受我書。海外相逢眞得意，論文偏又好蟲魚。

撥開紛冗伴吾行。司署初來著籍名。感子殷勤心激蕩，杯傾綠蟻豈忘情。

粵語多詞浩似淵。君尋百籍換陳編。宏才博辯論高下，海外新收博士員。

已是寒年綻雪梅。香飄應滿宋皇臺。春風座上知多少，懷舊魂銷幾引杯。

歲暮有懷文擢教授

歲暮葭灰四野翔。天涯霜露轉寒涼。遙知南海蘇和仲，定斥狼曾趙紫陽。只爲生民留浩氣，每因罵賊出奇章。與君共負興亡責，風雨雞鳴各一方。

讀紅並樓詩呈嘉有先生

清辭亮采五雲馳。紅並樓詩味雋滋。珠玉滿懷冰在抱，風騷復振道堪思。蓬瀛久已宗家法，海嶠今來數達師。貽我案頭添氣象，夜深光耀更騰姿。

酒醉骨折賦此自律

如今斑鬢髮初新。不及春秋七五人。鬥酒三杯神已渙，下樓兩步腳難伸。須知振鐸無窮責，應葆披金有用身。心折骨驚眞可歎，元龍豪氣付煙塵。

甲子元日和夢機韻

桃符春換萬千門。爆竹聲聲迎曉暾。歲月重開新甲子，天人共盼轉乾坤。宣仁東漢終承統，失鹿西秦總斷魂。待得星移輝日白，行看歡笑滿中原。

贈俞潡

憶昔投緣共硯磨。羨君才捷雨翻河。蓬瀛黌舍歌流水，香海機場惜逝波。攬鏡自傷頭已白，生兒應樂子如何。停雲伐木詩長寄，試問塵寰有幾多。

送西堂社友赴韓講學

光光尤君。潄玉含芬。攝生有道，詩思如雲。昔我先師，拔之群倫。道德日進，術業日新。余之識子，方其及門。友直友諒，又友多聞。相攜以道，語若春溫。今適東國，異域生春。東國伊何。百濟新羅。古高句麗，亦其巢窠。願子之往，激濁澄波。東人之子，心如著魔。二三其德，待我禮頗。義士六人，尚受折磨。君之此去，重任肩馱。誨彼諄諄，庶幾無訛。

賀蔣經國先生膺選連任第七任總統

六載行仁已富民。富之待教命維新。五千年史存亡責，四海均瞻掌舵人。

佛雲聚處佛光新。億萬生靈引領頻。火宅急須施法雨，沛滂滌盡孽妖塵。

余將赴港希真以詩相迎因賦長句奉答

往歲香城過往頻。喜君忠膽作貞民。題詩寫志情依舊，下筆成篇意創新。攜手聯吟知幾度，投緣相得更何人。宋皇臺畔重來日，流水洋洋好滌塵。

壽癸淼五十

少時風雨對床眠。喬木嚶鳴近卅年。因識高山流水意，爲歌黃閣白雲篇。文章經世期安石，學術明心紹九淵。見説今朝君五十，題詩相祝歲華姸。

社課曉起

遲眠晏起平常事，斗轉參橫正筆耕。未識朝霞同曉日，此生眞個負雞鳴。

滞雨

臺灣一海島，島上多海風。每年八九月，雲霧積滿空。黮黮層雲黑，連日陰濛濛。風折街頭樹，雨密急流沖。更有離奇者，水淹大廈底層中。電斷水亦無，高樓住戶提水一筒筒。

水災復缺水，久雨景觀眞箇大不同。

觀世

鬱鬱澗中柏，綠葉發華滋。盤根挺貞幹，淩空顯奇姿。下隰生蔦蘿，攀根蔓其枝。曦陽盡遮絕，雨露復侵之。翠柏漸凋零，蔦蘿秀離離。纖藤越樹梢，更向石嶔巇。罔顧牽引者，恣意高攀追。如彼新巢燕，舊巢竟不思。貴賤見交情，在漢翟公悲。今來觀世態，我亦感寒颸。

枯荷

昔喜花開滿澤陂。亭亭淨植出污池。幾番風雨秋深後，翠蓋凋殘孰顧之。

夢機望後見懷有詩次韻奉答

柳蓋瓊廚轉眼空。何妨終日校魚蟲。羨君比目遊川樂，顧我衰顏借酒紅。人世幾回傷往事，雲鵬依舊負培風。樊籠長住心猶壯，莫謂凋零委路蓬。

附·張夢機八月既望過碧潭有懷伯元

昨夜車塵欲漲空。今來臯隰咽涼蟲。垂天月照谿崖白，搖岸燈分上下紅。人遠徒能歌水調，罏香誰復問秋風。嗟君久向樊籠住，詩夢何當到短蓬。

夢機再疊前韻見贈亦再疊前韻奉答

九天鳴鶴下遙空。喜接君詩賦草蟲。荒漠如嘗芳茗洌，人間幾見百花紅。盡多腐鼠盤鴟鳥，那得明王唱大風。塵海囂囂誰可道，惟當鍵戶束新蓬。

附·張夢機晚秋疊前韻奉寄伯元

一偈能教萬慽空。懶從得失問雞蟲。殿秋林壑猶懸碧，經雨盆花欲綻紅。敢向艱危試孤抱，稍愁逸豫損淳風。掩鐙盡遣今宵意，忽憶微之雪夜篷。

夢機三疊前韻見贈亦三疊前韻奉答

羨君才思馬行空。笑我眞如寒叫蟲。棟折樑摧天已塌，年衰髮白臉羞紅。也知造物含深意，且學蒼松厲勁風。和罷三詩吾力盡，相期扶道似麻蓬。

附·張夢機夜讀三疊前韻賦奉伯元

鉛黃經史計非空。多恐疑冰作夏蟲。孤抱自懸秋月白，寒窗默剪夜鐙紅。迴天九壤期文治，憫亂千詩補國風。濯足濯纓吾意定，何勞澤畔問漁篷。

附·羅尚和夢機伯元空篷酬唱韻

有道殊難萬念空。善鳴天意假秋蟲。何人兩鬢愁時白，與子三杯剪燭紅。結局觀棋多後手，歸帆禱海助神風。明朝約定江鄉去，已備高車掛雨篷。

雷根當選有感四疊空篷韻分東戎庵夢機

隱隱雷聲響遠空。霆威當醒蟄眠蟲。哀鴻遍野全民望，白日青天滿地紅。莫羡他人成大器，應恢舊土振雄風。快將萬頃東流水，盡轉西流助戰篷。

次韻遂翁鄉長九日登太平山

太平山上起風雲。日月昏瞢草失芬。九域滔滔無淨土，三臺晏晏有餘醺。興邦憂世心彌切，策馬招關念更殷。天意倘隨人意轉，應能四兩撥千斤。

附．涂公遂九日登太平山

九日登臨踏曉雲。縱横草樹散芳芬。似曾相識山容秀，且喜宜人日色曛。捫葛攀蘿情漸淡，思親憂國老彌殷。獨憐一片歌吟地，將見林巒付斧斤。

夜夢景伊師

死別已年餘，今宵方入夢。慈容如往日，問暖復呵凍。全似受業時，春風弦歌誦。夜夢雖短暫，詩酒仍豪縱。醒來情歷歷，墜涕傷永痛。生平勤勖意，志在昌文統。公逝我亦衰，此心誰與共。緬想我師門，光徽足啓衆。遺形永莫紹，余懷增愴慟。

賀詠琍生日

題詩振翰賀華年。萬里相思意自牽。來歲生辰春正好，卿卿與我慶團圓。

和韻答希眞

一春小極感纏綿。頭緒紛紜百慮牽。火爆燈花來尺鯉，語如甘露潤心田。詩篇入手拋愁盡，海上揚帆望眼穿。舉首南天雲藹藹，幾時風雨對床眠。

五十自賦

行年五十尚何求。家有藏書好解憂。淑世恨難令側帽，明音差可仰前修。登堂講學心猶壯，對酒吟詩意亦悠。一事至今聊足樂，及門桃李已盈疇。

附．羅尚次韻祝伯元教授大衍

舊學新知不外求。積年酬唱樂忘憂。精通叔重形聲久，有若伊川德惠修。監察詩壇威赫赫，指揮酒陣意悠悠。兩間大衍今成數，桃李栽培再百疇。

附．涂公遂壽新雄五十

碩學欣知命，高名羡盛年。文章敦道義，教誨躋耆賢。煦煦春風暖，蒽蒽嶽色妍。祝君勤著力，藝海樂無邊。

附·汪中壽伯元五十

伯元倏五十，所學深堪仰。沈潛許鄭書，音韻劇指掌。縹緗襞黃絹，墮地金石響。似子眞畏友，濯濯出吾黨。春華成繡陌，鬱鬱森林莽。又如魚在淵，千里得安放。頃者弄餘緒，拈句益磨盪。玉局發清華，淵源天籟爽。興豪復嗜酒，相與傾甕盎。少陵每空床，時復作此想。五六月窗下，已是羲皇上。世情安足論，藝事要心賞。相期俱髦年，中也媿少長。

附·尤信雄壽伯元詞長五十

蓬瀛乾坤異，桃日開佳辰。半百分春色，海上種靈椿。初度能知命，大衍性最眞。詩酒送日月，明音酬平生。高步眉山後，許鄭並爲鄰。江西文章地，風雅繼二陳。

附・韋金滿奉和伯元教授五十自賦

三載相交豈易求。頻傳訊息解離憂。知人知命等閒樂，宏道宏經次第修。想見桃源花灼灼，可堪寶島路悠悠。融尊未許席前獻，遙向南天頌九疇。

附・陳文華奉和伯元夫子五十原玉

執經最憶古音求。每向脣喉解百憂。玉版書成繼孫恤，黃絹字訓過楊修。高吟端賴心神破，深醉感添氣韻悠。共道椿齡增歲月，春風已放綠盈疇。

附・文幸福敬次伯元師五十自賦原韻

遍郊桃李復何求。笑對春風爲寫憂。總信文章開境界，已堪音韻壓前修。酒酣最羨情豪逸，詩練尤鍾志遠悠。蓬嶠從遊多轉益，稱觴我亦濫充疇。

附・顏崑陽壽伯元師五十

已知天命復奚疑。世亂名山亦可期。蘭甫多才通切韻，坡公高抱好裁詩。一杯眞欲涵天地，萬卷猶堪託歲時。及帳曾爲二三子，薰風微雨是吾師。

金伯叔過百木段故園賦詩相寄次韻奉答

聞說高蹤過舍前。久勞魂夢總徒然。家君昔種千頭橘，隔海今違卅四年。百木蒙塵換新主，幾番歷劫變荒園。天心若識人心意，應許還鄉壽此賢。

東坡詩課

東坡詩課滿堂春。海雨天風更有神。道理塡肝忠注髓，題辭勉汝讀書人。

余五十生辰翌日，適逢文化大學中文系東坡詩課，與諸生同遊陽明公園尋詩，用東坡臘日遊孤山韻

陽明山，竹子湖。嫣紅翠綠世有無。遊春士女人難數，賞花乘早相邀呼。滿園遊客攜妻孥。我隨諸生聊相娛。拾階攀登高幾許，尋幽探勝路縈紆。花棚之下暫爲廬。吾徒稱壽道豈孤。祝壽歌罷吟音起，琅琅聲響搖芳蒲。登高能賦爲大夫。長吟不覺日已晡。遠眺淡水飄玉帶，對境如看閬苑圖。課室若此歡有餘。諸生相詢意蘧蘧。此景不寫久恐逋。火急作詩遲難摹。

附・黃麗如伯元師五十華誕用東坡臘日遊孤山韻稱壽

伯元師，腹如湖。滔滔不絕世有無。賦詩高歌興飛舞，足與

東坡相遙呼。門下諸生為其孥。春風桃李心自娛。才高每言無幾許，慨歎世路多盤紆。弟子慰師山為廬。人稱道孤我不孤。大衍添籌合祝壽，歌詩懷舊搖山蒲。撫胸擊掌眞丈夫。豈視烏雲與日晡。雖在曠野無美酒，此心已醉還何圖。我賀先生壽有餘。歲歲無憂長蘧蘧。此身百年仍俱逋。豪情千古難詳摹。

耀南在古典文學會上評騭英雄因賦此相贈

憶昔香城和韻頻。臺員相見益相親。今朝點染英雄譜，筆勢瀾翻更有神。

讀白樂天義重莫若妻生離不如死句感觸萬端賦贈詠琍

義重莫若妻，生離不如死。居易而樂天，所言尙如此。與卿別十年，心死已久矣。近來血壓高，春睡不復美。輾轉少安眠，古人誰可比。黔婁一窮漢，妻尙常密邇。梁鴻不爲宦，孟光隨一軌。陶潛罕營生，翟氏亦唯唯。卿本讀書人，自當明此理。曷爲長別離，棄我如敝屣。

迎遂加室主人於臺北次戎庵韻三首

玉局西南歸未得，子卿持節向東來。五星聚處盈歡笑，懷抱逢君可好開。

潁水當年爛熳晴。歐陽陳趙各飛聲。聚星堂上留高詠，綠螘浮杯泛醉瓊。

瀛海詩人幾大家。龍光射斗耀星華。每逢羅隱憑渠說，舊學商量許遂加。

附·羅尙蘇文擢教授全家返國觀光與陳新雄黃慶萱張夢

機諸教授甚設接風

銀鉤滿篋龍蛇動，知兆東坡父子來。故舊季常山谷輩，接風樽酒市樓開。

清和四月暢新晴。萬里蓬山小鳳聲。倘使選仙吾作主，斜川應得許飛瓊。

柳絮因風起謝家。明珠掌上最光華。神仙眷屬人間有，築室香江號邃加。

附・伏嘉謨迎邃加室主來臺次新雄教授韻

海宇清和鋪麥秀，仙風吹送玉珂來。香江曾飽平原飲，衡嶽雲應爲汝開。

赤壁清遊既望晴。坡髯才調最蜚聲。白雲來去通靈氣，飛上青天倘報瓊。

上舍翱翔教育家。春飛秀色鬥芳華。江南詞賦寧蕭瑟，吟到蓬萊意有加。

附·李德超伯元教授以迎遂加室主人詩見寄次韻奉答

一醉陶然分袂後，錦箋忽趁好音來。洗塵備宴龍騰閣，呼取新醅席上開。

詩境新如雨後晴。鏗鏘擲地有金聲。惠來佳句清如許，愧我才疏乏報瓊。

韻學眞傳許獨家。文壇夙已著聲華。朱花光照臨川筆，宋律唐音蔑以加。

雨盦學長大兄六十華誕敬賦長律稱壽

聞道汪公耳順年。詩城酒國競開筵。悠悠歲月頻中聖，落落襟懷孰比肩。妙思縱橫抽乙乙，黌宮稱譽仰翩翩。摛文早著生花筆，待客還存倒屣虔。昔過新羅傳雅韻，邇來舊雨急繁絃。光儀自是陶彭澤，豪興眞如李謫仙。手下靈蛇攀逸少，壇前俊彥壽龍眠。詠懷才捷堪追阮，繹史功深獨敬遷。因識高山流水意，爲歌南斗北辰篇。平生風誼兼師友，敢獻兕觥博囅然。

詠竹

南山叢枝葉，非草亦非木。節堅腹中虛，謙懷似不足。挺直欲干雲，貞幹不少曲。歲寒成三友，松梅共此竹。君子比德焉，與蘭同高躅。昔宋蘇東坡，愛其寧折不可辱。居家無此君，令人長覺俗。幾百年來不開花，今歲乙丑花簇簇。竹花甫凋落，老株盡死新生代代續。無怪滿蒼翠，綠意盎然時時映人目。

富都飯店咖啡室巧值香港詩人李鴻烈

咖啡座上聳詩肩。不識堂堂李謫仙。去後復來情藹藹，終開笑靨若花妍。

英壽先生八十

福慧雙修八十年。先生眞是地行仙。忠肝義膽文山後，鶴骨松姿太尉年。耕讀傳家揚世德，吟歌旌孝擘華箋。令郎壟畔隨吾久，獻壽陳詩奉一篇。

讀在山堂詩

展卷珠璣入眼明。驚呼眞有筆通誠。羨公才似行空馬，愧我心如曳甲兵。白雪總爲高格調，騷壇又見古瑤英。南天鴻雁重來日，樽酒當應細細斟。

次韻鴻烈香江席上作

臺灣香港頻斟酒，我度君歡已勝魚。何日高軒重枉駕，佇看太白下飛車。

七夕社課

長空銀漢鵲成橋。織女牛郎夢轉嬌。離恨迢迢千萬世，年年此日度春宵。

天孫今夜迎河鼓，喜極無言淚暗飄。泣緒如絲飛作雨，人間萬戶濕簾綃。①

感時

大盜竊國，火燎昆岡。哀我樞府，播遷東方。東方伊何，大海之央。臺灣寶島，美麗之鄉。元首勤劬，勵精圖強。生聚教訓，卅載咸康。全民仰望，吾華之光。邇來不振，股肱非良。碩鼠蝕國，政事乖張。十信國信，信任全亡。毒粟毒酒，吾民遭殃。域外逞兇，國本幾喪。核電失火，事尤荒唐。心之憂矣，曷已愁腸。願我樞極，鑑取前王。失民則滅，得民則昌。翦除蝨賊，選任賢良。與民更始，重振維綱。中華文化，萬世流芳。仁民愛物，古訓是章。念茲在茲，矢志弗忘。子子孫孫，永保無疆。

曉峰先生挽詞

當今一代數完人。謀道從來不計身。已是儒林推祭酒，永留佳範作新民。華岡桃李三千樹，青史功名萬古春。我昔蒙恩承鑒拔，仰瞻遺像倍傷神。

次韻奉酬文擢教授

一載香江煙雨裏，欣從人海識高賢。詩書早紹東坡業，肝膽遙通萬里天。臺北重逢嘗對酒，九龍初見已忘年。今朝捧讀春雲句，癢處爬搔妙入顛。

附・蘇文擢奉題伯元教授香江煙雨集

都門酒盞聯吟日，曾接虔州一士賢。早識風流傾上舍，別從煙雨悵南天。青衿圖記三千秀，赤壁人希九百年。更喜簪花唐格在，詩心如畫出毫顛。

次韻奉酬遯翁鄉長

遯翁詩格老彌雄。氣骨猶存漢魏風。劫外扶輪推大雅，囊中檢句麗秋楓。舊邦擾擾傷離黍，香海紛紛等雨濛。一讀遠來篇什後，覺公豪興總如虹。

附・何敬群伯元博士來香港過訪並以新著香江煙雨集見貽未能追陪左右賦此致意

報道客來欣不速，天南秋早引涼風。未陪夜剪西窗燭，且喜砧催巫峽楓。海上樓臺猶歷歷，眼中煙雨更濛濛。兩年接席獅山麓，回味高吟氣若虹。

有懷雨盦韓國

一別音書兩杳然。匆匆又屆小春天。三年兩顧東鄰子，宋玉何勞掛齒邊。

苒苒韶華催我老，飄飄玉屑落君前。遙知客地多清景，想見新詩發興妍。

代家大人次韻牟甲銖閒居詩

自從歸隱後，閒適竹籬邊。對酒懷詩侶，簪花作錦箋。鄉村好風日，梓里暗雲煙。旅夢何時斷，停書問噪蟬。

代家大人次韻牟甲銖村居遣興三首

無職無官步履輕。晨昏攜杖傍山行。路逢農友皆歡躍，充耳豐年笑語聲。

春在先生杖履中。群山萬紫雜千紅。長空雙燕翩翩舞，比翼翱翔任好風。

華髮霜髭入鏡屏。蒼松雖老色還清。出師人與心俱壯，願聽鳴槍第一聲。

次韻希眞病起書懷

香江分別後，憐汝白雲中。對酒懷詩侶，簪花憶旅篷。預覘春事近，應掃百憂空。海運摶鵬翼，高飛借好風。

秋夕書懷

秋風颯颯秋雲陰。書齋夜坐百感侵。頗覺四圍光影暗，雨打秋窗寒森森。憶昔雄懷比奔馬，衰老那禁秋氣深。青鐙照映墳典在，群經子史勞重尋。讀書既未破萬卷，歌詩竟作秋蟲吟。往從先師習文字，不諳今音操古音。六十萬言倘傳世，寥寥一編攀古今。自來頓仆誰可數，東坡曠達闊胸襟。天容海色孤月在，聊學賦此空明心。

菊

百花開後菊花開。傲雪淩霜意氣恢。圓蕊分黃堪笑日，冰姿弄白足慵梅。東籬屢引陶潛手，笠澤還盈陸子杯。雅韻惜隨今世易，希榮四季競相陪。

註① 今歲七夕適逢尼爾遜颱風過境。

伯元吟草卷九

（起民國七十五年元月至至民國七十六年十二月止）

李表哥

李表哥，是何人。勞瑞筆下華夏民。智者見之謂之智，仁者見之謂之仁。炎黃子孫億萬千，形形色色盈乾坤。睿聖上智有孔孟，力能扛鼎推育責。歷史今逾五千年，寰宇各國誰堪倫。賢愚善惡難盡述，誰能一一傳其神。鬼則易畫人則否，吾於此畫仍同論。

冬夜邀飲

寒風颯颯透窗簾。細雨纖纖水滴簷。知己持樽相對飲，陶然醉後夢還甜。

讀鑪峰酬唱集次遂翁乙丑重陽登鑪峰韻

並呈吟唱諸詩翁

秋來遠引南飛雁，淒唳聲聲勝峽猿。九域滔滔無淨土，一隅黯黯泣驚魂。宋臺鹿去無人逐，香海鴻嗷挂口論。幸有諸公眞史筆，留傳後世記根源。

施生雲軒索題賦此相贈

虞舜顯親揚大孝，曾參承意色能溫。壽昌尋母辭官去，居敬編書溯道源。二十四人名不朽，五千年史事猶尊。雲軒屬我題橫幅，爲欲傳家識本原。

人日有懷夢機

今代張平子，雄深那可量。閉門耽著述，作賦自幽芳。憶昔逢人日，裁詩見錦章。光陰如逝水，屈指十年長。

香港浸會學院謝校長志偉讀余香江煙雨

集來函奬飾䄂之以詩

君家太傅天一柱。柱撐東晉日無霧。苻堅一戰心膽寒，八公草木望風附。君家康樂天斗星。直紹陳王留芳型。姓名已可齊日月，詩成一一垂丹青。如今又過千百載。文獻衣被傳一輩。香海揭來與君接，靄靄嶺雲多姿態。浸會道中漫絃歌。汪洋萬頃生春波。講學重開齊稷下，鴻儒碩彥勞張羅。德星今照香江水。學子驩呼衆民喜。獅子山前春滿樹，我公事業春雲起。每憶當年桃李新。桃園陌上踏輕塵。芳菲看盡身歸去，何日園開見舊人。

感遇

孔聖棲皇遍歷國，魯衛雖試器不周。孟軻好辯闢楊墨，天下俱溺誰從遊。柏舟泛水人不寐，信陵失意難消憂。古來才士皆若此，掩卷歎息三搖頭。昔日子房逢漢主，譬似石向河中投。草廬三顧世所羨，如魚得水還何求。窮通榮辱各有時，達人知命無須尤。夜來白酒三杯釃，伏枕安眠心悠悠。

晚晴

老去簪花不自羞。抗塵隨俗興悠悠。落霞飛過長空後，世上無人欲再留。

題詠琍畫菊

傲霜枝上綴雙花。色染紅黃自足誇。愛爾東籬閒適極，高風亮節好清華。

夜讀有懷雨庵

夜繙書史惜餘春。雲海相望自在身。君走新羅傳雅韻，我留舊苑憶清塵。酒樽常見虛前席，詩什應堪暢爾神。無怪三韓頻下聘，中朝第一是何人。

哈雷彗星

天上有星名欃槍。形如掃彗人何傷。除舊更新世事變，一見熒惑咸驚惶。史載彗星誰最先。首推吾華應無前。春秋孛名凡三見，史漢踵接相摩肩。英儒有人姓哈雷。觀察軌跡能善推。七十六年來一度，姓氏隨之萬世垂。今爲彗星重臨日。大衆紛紛候其出。誰料雲霧漫天地，令人竟難睹皓質。幸今巧技奪天工。影響遙傳自太空。長尾經天如掃帚，冰融雪化滿天風。哈雷每來冰雪化。星球質地竟多大。億萬年來冰一團，循環不滅眞堪訝。我詠哈雷適逢時。雖經輾轉猶見之。未負一生心自喜，憑詩傳與後人知。

杜鵑花

鶴林玉女好仙姿。閬苑移栽色更奇。春滿陽明花爛熳，鵑啼巴蜀血離披。山歌已把村姑比，澗畔還宜管樂彌。最是可人來入目，無分雅俗總歡怡。

賦慰趙主委耀東

文武盈朝一鐵頭。錚錚奇響孰能侔。懷忠自是難緘口，謀道從來不計酬。榮辱關身何足算，安危繫國固當憂。莫嫌犖确坡前路，益勵鏗然志節遒。

壽王靜芝教授七十

器局才情兩絕倫。杏壇久已仰清芬。垂陰葉出千尋樹，落筆光騰萬丈雲。議政心惟存法統，傳經志在振斯文。盈庭桃李齊稱壽，酒獻稀齡德益醺。

喜次希真別更生韻二首並柬更生

四海原來是弟兄。詩文情洽兩豪英。天涯到處多君子，遮莫悽悽歎遠行。

君子交情如淡水，重逢應許盡千杯。欣聞樂事盈香海，蓬島相期得得來。

附・韋金滿贈別王更生教授

襟懷灑落超塵外，振鐸南來育彥英。一載相交情未足，遽然明日送君行。

解道鴛行歸故里，聚龍閣上舉離杯。人生樂事知多少，何日重看遠客來。

追和魯實先師朱梅詩四首

冰肌玉骨染霞紅。春上枝頭嫋嫋風。喚作國花人未識，只緣身在絳羅中。

疏影瓊姿信物華。依模塡采賦梅花。杏壇人傑知多少，追和遺詩有幾家。

跋扈飛揚快意初。高標難謂識沖虛。只今人道情懷好，一似嘉貞性簡疏。

暗香微送月同清。傲雪精神思再盈。寂寞春愁天亦老，詩成花謝意難平。

附·魯實先師朱梅四首

潤露和煙暈粉紅。妝成辛苦待東風。傳情翠羽無消息，合入青廬綺夢中。

空山水石自清華。老幹疏枝放晚花。明日暖光爭燦爛，應知春色在誰家。

頩檀心快意初。精神澡雪日清虛。庭階未擬栽修竹，自有橫窗月影疏。

暗送微香冷更清。憑欄無語淚盈盈。窺牆儻賸殘妝在，惆悵人間宋廣平。

讀雨盦和陶儒城兩集用儒城集元龍詩與好一首韻賦呈一篇

龍眠天下士，卓爾信不群。矯矯雲中鶴，惠然俯相親。投分如石友，各本至性眞。詩成珠玉轉，羨子巧運斤。

附：汪中儒城雜詩元龍詩與好

元龍詩與好，發函惜離群。平生文字友，在遠分日親。尚記共酣飲，放言出其眞。我亦多鋒鍔，鑿鑿何斤斤。

寄摺扇與菲蘭二女

細細清風信手揮。絲絲親愛似春暉。今由老父題詩去，遠寄重洋到逸菲。

細細清風在手歡。絲絲恩愛寄心肝。今由老父題詩去，遠越重洋到逸蘭。

嚴孝章挽詞

華髮蕭蕭老遂良。今世轉生嚴孝章。孤忠耿耿精誠在，報國安民何能忘。安民譽作老龍頭，報國捧檀威名揚。文武盈廷何可數，鞠躬盡瘁誰堪當。君不見，棒檀迄今無人繼，哭君實由哀國殤。

有懷遯翁詩老

詩國應須仗老成。春雲秋水總關情。昔撞鐘鼓初聞律，今引弧弦一試檠。大亞灣前風又起，香江海上浪難平。天涯遠望無窮意，常感心頭鄙吝生。

蔣公百年誕辰

賢聖於人總不群。能將弱國躋青雲。先除軍閥清華域，再掃么魔建極勳。已抑巨鯨東海靜，又遭赤燄九州焚。臺員一島光天下，百歲英靈德益芬。

代家大人壽年甲銖七十

人生容易到稀齡。朗月清風白髮盈。籀史窮經常滿腹，吟詩作賦便怡情。同心喜接他山契，抵掌時思接席榮。翠柏青松無限壽，一樽長共待昇平。

壽易大德八十

名成德就享遐年。朗月清香閬苑仙。議政常隨諸老後，揚詩總在衆人先。江西才士空前古，臺北銜頭寫一編。共祝期頤重上壽，鄱陽湖畔再開筵。

贈孔生仲溫

十年壇坫誨諄諄。喜汝知津可出塵。兒女所承爲骨血，生徒相繼乃精神。先賢學術誰堪續，後世青藍孰代新。風雨雞鳴休自已，師門薪火望傳人。

與熙元炯陽夢機哲夫同遊至善園作

至善園中散鬱陶。同遊招臂四人豪。小橋亭榭垂楊細，曲徑檐廊發興高。流水傳觴脩禊事，吟詩賞景忭英髦。吾華文物遺芳久，今夕依稀見一毛。

訪友

觀罷縈心北與南①。死生不變誼芳甘。出門便覺舒懷少，見面方知對酒酣。解帶披襟情自厚，聯床共語話偏憨。青松凜凜思顏色，煮茗論詩固飽諳。

秋野

秋氣已蕭森，秋野今安在。南下中和到板橋，北走關渡臨淡海。市廛櫛比魚鱗屋，車輛急馳徒驚駭。路砌紅磚無草木，唧唧秋蟲今豈怠。寒鴉不復飛，霜露何從灑。南行北往既如此。東觀西望又何似。南港接新莊，廣廈高樓連雲起。田園阡陌何處去，紛紛盡變成鬧市。四十年來建設宏且偉。方圓卅里無萑葦。人群摩肩相接踵，難睹郊原古木勢如虺。不見田稜高下峰嵐重，亦無遠林蒼蒼波瀰瀰。環境美惡我不知，寫我郊行所見如此而已矣。

有懷遯遂二詩翁

常懷遯遂兩仙翁。香海相逢氣若虹。鄉語輕柔倍親切，玄津指點破冥濛。西江老將詩無敵，臺海書生興不窮。何日南溟重聚首，吟肩再聳醉春風。

附・涂公遂次韻新雄見懷賦答

垂老吁嗟似放翁。幾驚白日貫長虹。山遙海闊懷人遠，柳瘦楓凋坐雨濛。亂世徒憐天尚醉，邪謠任撼道無窮。師儒分席同聲氣，頷首鯤洋挹好風。

奉答遂翁詩老再疊前韻

香江最憶兩仙翁。筆力千鈞氣貫虹。久許詞場揚姓字，更從人海啓冥濛。河山垂淚波難靜，鄉國生哀恨豈窮。祇讀我公詩什後，浩然相激起雄風。

附・涂公遂新雄寄詩見懷再次韻奉報

越海飛吟念兩翁。翩翩佳士氣如虹。懷才振鐸開寥廓，挾鋒高影破冥濛。吾道不容流俗掩，詩情恐向亂離窮。老夫釀句如醇醴，聊報雄豪太白風。

奉答遂翁鄉長三疊前韻

健筆穿雲矍鑠翁。豪情真欲貫長虹。紬經繹史明如鏡，作賦論文久發矇。故國不堪花濺淚，淸詩應蓄意無窮。襟懷磊落超塵俗，一似青松浴勁風。

附．涂公遂新雄寄詩三疊前韻奉報

詩國憐存幾老翁。暴風雨後惜殘虹。江山喜有才人起，林薄漫嗟野霧濛。已分佉盧成世寵，終須倉頡濟世窮。遙瞻佳氣蓬瀛盛，願子弘揚大雅風。

奉答遂翁鄉長四疊翁韻

遂翁宗派繼涪翁。椽筆時時染彩虹。器局才情俱雋逸，文章議論振聾矇。傳經濟世心難已，固本培元志不窮。今我與公同一慨，可憐臺海起狂風。

奉答遯翁鄉長五疊翁韻

獅嶺當年識此翁。傾投珠玉化千虹。扶危微意邀公賞，側帽高標啓我蒙。健筆題詩詩有味，愁懷寄酒酒難窮。夢回香海多佳趣，心目時浮長者風。

附．何敬群伯元博士以詩見懷卽次其韻

海上區區諸老翁。敢云彌縫氣如虹。種桑忽值山河改，去國何堪煙雨濛。淑世汲深慚綆短，乘桴材匱悵途窮。多君問訊還相勉，起廢存淳仗大風。

賦贈韓國史在東教授

勝友新知史在東。臺員傾蓋笑顏豐。開筵歡語清塵接，淨眼欣看冀北空。韓夏交親夙因遠，文章雅韻一杯同。總由好尙深相契，抵掌當然氣若虹。

賀陳建興白德璧結婚

笙歌響徹彩雲顛。鵲噪今宵花燭妍。中美交親緣夙締，鴛鴦枕好夜同眠。畫眉筆妙深相許，寫韻軒高喜共研。細雨柔風魚水樂，神仙夫婦盡情憐。

賦贈季生旭昇

栖皇尼父感滔滔。浮海由隨譽已高。修竹夏榮虛有節，青松寒到響如濤。長期六籍傳無盡，能足三冬興自豪。竊喜得逢吳季子，頻來聽講不辭勞。

賦贈文化大學中文系四年級全體學生

兩年相聚意如何。弟子殷勤笑語多。曾踏青山賞春景，行當高吭賦驪歌。傳薪應許添新火，述學還須出舊窠。臨別贈言煩記取，雞鳴風雨莫蹉跎。

賦贈應裕康學長兄高雄師範學院

子往星洲我作歌。投詩相問意如何。閒情欲與君分享，別緒頻牽髮竟皤。今覺鯤南新氣象，已超臺北舊巢窠。鵬摶海擊三千里，大雅風飄衆口哦。

賀希眞榮獲文學博士

溟鯤今已化鴻鵬。好擊扶搖萬里騰。往得良師承至道，將從文苑點明燈。論詞學究蘇周柳，託鉢衣傳佛法僧。我昔與君同比律，佳音遠報喜難勝。

春遊七星山四和東坡孤山韻

七星山，夢幻湖。絕種韭蔥他處無。稀世奇珍珍如珠。遊人見之齊歡呼。我亦乘暇攜妻孥。一賞奇珍聊相娛。十日九雨晴須臾。攀登豈畏坡磴紆。以地爲席天爲廬。宇宙一體誰言孤。山顚翠柏盤龍鬚。傲雪何須煩菖蒲。俯視市廛千萬夫。營營不息朝繼晡。眼前綠茵坐氍毹。有如置身閬苑圖。春暉藹藹暖有餘。超脫塵囂情蘧蘧。仰視浮雲機心逋。囅然一笑難詳摹。

將進酒

將進酒，杯莫停。我今歌一曲，請君爲我傾耳聽。民國建立七六年。細訴從頭歌長篇。元戎元老騎龍去，千鈞重擔蔣公肩。東征北伐方統一。中原又傳刁斗急。謀國安危不計身，潛龍在野仔肩息。樞府自失掌舵人。赤焰燒天舉國顰。經國終須仗老手，雷霆一擊蕩妖塵。眼看群魔垂手斃。顢頇失策張少帥。西安蒙難星月暗，涕泗滂沱萬民淚。怒潮駭浪兼天湧。萬方髮指旌旗動。幺魔亦覺怒難犯，天佑神龍群醜悚。歸京整軍圖郅治。建國與民重更始。邊關鐵馬響春冰，嗚咽蘆溝橋下水。八年抗戰抑巨鯨。降伏頑敵慶收京。平等待我簽新約，區夏重光復臺澎。還政於民開新憲。盡掃千年舊封建。萬世良規選賢能，欲濟邦家常剛健。跳梁小醜搧妖氛。火燎昆岡玉石焚。神州陸沈哀鴻叫，九州人散自紛紛。糾集流亡保臺海。勵精重舉政經改。三十年來齊樂業，人民殷富超往載。宵旰謀國身劬勞。鼎湖龍去怒風號。武王振起纘前緒，興邦制勝展良韜。舉國前途危與休。猶如風雨共乘舟。和衷共濟齊心志，驚濤駭浪亦優遊。五一九綠色行動欲何從。糾集群氓怒啕啕。須知覆巢之下無完卵，三思莫遺禍患成無窮。君不見，中南半島三邦越高寮。政客為爭私利根本搖。越共長驅入西貢，萬千百姓惟有投奔怒海隨波濤。

郊行賞牡丹

拙荆欲賞牡丹花。至善園中翠幙遮。國色天香無意緒，如人慵懶漫噓嗟。

乍見名花信未真。芳容相對竟無神。姚黃魏紫多顏色，豔蕊祥雲點綴春。

摩耶精舍

雨洗雙溪草色清。幽花奇樹滿檐楹。瓊林仙侶枝連理，小苑喬松葉向榮。已化人猿存去思，卻留鸞鶴尚和鳴。摩耶精舍風前柳，一似翁鬚拂面迎。

花蓮紀行六首

北迴鐵路

群峰矾硉聳長空。車走山中若地龍。隧道千層橋百座，昏明萬象豁心胸。

月洞尋幽

人云月洞達鼇宮。我覺斯言理亦通。滴瀝綿綿終不滿，長年乾旱水無窮。

八仙洞府

八仙洞對太平洋。洞裏乾坤意味長。諸葛觀音齊奉手，中原文物自流芳。

鯉潭泛舟

鯉魚潭在萬山間。幽谷長年綠水潺。仙侶鴛鴦舟上渡，身攜妻女覺清閒。

初英電廠

涵洞千山導水回。奔騰萬馬入樓臺。推衝鐵軸旋風轉，巧奪天工引電來。

濱海公園

太平洋岸草芊芊。橋影橫虹浪湧天。欲避塵囂群舉足，市人到此競休肩。

牡丹

牡丹眞富態，慵懶著纖腰。撲撲天香軟，叢叢國色嬌。只宜栽上苑，不耐置凡寮。俗客流觀後，妖紅翠竟消。

清明

君不見，十二年前淸明雷電夜，狂風暴雨勢驚人。朝來處處哀音起，鼎湖龍去已爲神。從此年年此日皆休假，民間方得偸閒掃墳塵。始知物類相感非無故，地坼天崩有夙因。

金伯叔遠道贈詩次韻奉和

讀書猶記少年狂。追憶前情事尚詳。昔我光陰眞懵懂，惟君意氣最軒昂。逃秦海外開新境，憶爾案頭和舊章。異日可能同剪燭，相攜樽酒話衷腸。

懷冰詩老近詩刊梵音雜誌不棄鄙吝囑何生文華遠自香港攜來莊讀之餘賦呈長句一篇

昔從韋子聞渠說，摩詰詩翁意興長。今沁心脾開眼目，信知天地有文章。危巢詠後情悽惻，旅雁書來志激昂。一卷梵音眞醒我，失之交臂拜宮牆。

附・王韶生次韻奉酬伯元教授臺北

右軍楷法顧音韻，每憶高賢意念長。細說石交敦故誼，興來彩筆賦詩章。名高摩詰吾何敢，境異蘇卿志尚昂。慧業未成傷老大，區區仍是萬宮牆。

再疊長牆韻奉郑懷冰詩老

香海歸來開錦鯉，尺書相報意尤長。愧無暇日陪樽酒，幸有鴻詞奏雅章。青眼遠投青樹外，琴音遠識景山昂。陽春歌罷高難和，爭免詩翁誚面牆。

附・王韶生疊前韻答伯元教授

杯酒緣慳敘款曲，朵雲飛至海天長。衡文校藝延佳士，盥手焚香誦和章。每值時艱思奮發，閒從意量睹軒昂。九臯鳴鶴聲聞遠，屬耳何庸聽隔牆。

附・何敬群客至喜伯元博士過訪卽次其與懷冰詩老唱和韻

有客遠來占不速，扣門把握意何長。未陪十日平原飲，喜有連篇錦繡章。別後情懷俱展佈，尊前豪客各軒昂。詩城尚可容吟嘯，且把岩牆作荔牆。

附・李德超伯元教授以讀王懷冰師近句有作見寄謹賡一首

錦箋寫下瑤華句，謂讀梵音意味長。素仰韶師稱碩學，並嫻經術亦辭章。杖朝未減詩吟興，釃酒方酣志復昂。我自庸愚慚固陋，思之尤愧列門牆。

奉酬懷冰遯翁二詩老

遯翁韶老遂翁名。香海詩人著典型。胸有五車歌白雪，筆如利刃發新硎。虛懷若谷丰神遠，側帽成風歲月馨。別後光陰多鄭重，他年相對眼還青。

老圃

藝蘭蘭自馥，植樹樹多姿。歲月悠閒過，心情慘澹移。本根欣有託，榮落亦安之。農圃眞吾事，樊遲是我師。

題耀南博士東瀛吟草

一載東瀛詩百首。香海宣騰衆人口。吾邦今日亦多艱，雄篇
應出屠龍手。

希眞寄詩次韻奉答

今夕陶陶樂最深。香城對酒孰能禁。九龍席上思奇味，丹桂
園中顯意忱。石友交情原不忝，論文盃盞總常斟。臺員八月
秋風爽，玅語應堪一洗心。

附．韋金滿伯元應香港浸會學院中文系之聘來港一周賦詩

述懷

天南地北憶思深。久別重逢樂不禁。丹桂園前尋舊跡，金山
席上訴離忱。新詩一闋低低唱，美酒千盃密密斟。今夕拚教
共沈醉，人生難得最知心。

開放大陸探親有感次金伯叔韻

開放探親喜欲狂。仁恩今許細端詳。人爲隔絕心常怨，天厭乖離道總昂。陟彼岵岡瞻望久，憫斯骨肉性情章。南來北往途無阻，把臂應堪慰別腸。

翟首席禮讚

濃雲密布一聲雷。朗朗乾坤次第開。國法尊嚴勤守護，公權威望莫摧頹。衆人投鼠心多忌，鐵柱撐天事可回。謀道從來身不計，眞懷丘壑濟時才。

題林本源園邸八景

汲古書屋

雨亭卷帙滿檐楹。汲古功深好寄情。坐擁百城書帶草，時人疑是鄭康成。

方鑑齋

朱欄畫柱照池明。方鑑齋前水更清。曲徑斜亭人可愛，戲臺絃管惜無聲。

來青閣

來青高聳刻雕妍。遠眺群山色色鮮。可惜四圍樓櫛比，昔時勝景已難全。

觀稼樓

當年小隱築庭園。觀稼樓前歲月閒。夜枕清風眠北牖，朝來爽氣滿西山。

香玉簃

吏隱歸來成老圃，藝蘭種菊得花全。東籬亦有陶潛興，香染衣襟百慮蠲。

月波榭

高人本與月相期。水榭臨波好展眉。人月影雙隨盪漾，缺圓自亦不猜疑。

定靜堂

知止方能眞定靜，盈堂賓客坐春風。心存去住兩無礙，貧賤交情笑翟公。

榕蔭大池

彩霞椰影映池中。點染猶勝繪畫工。錦鯉成群情自在，憑欄俯瞰樂無窮。

詩經毛傳鄭箋辨異題辭

詩三百篇。文學源泉。其思無邪，其義多姸。文生幸福，七載鑽研。抽其條緒，擷其芳鮮。上探毛傳，下究鄭箋。較其同異，考其愚賢。二南編次，先聖微言。修齊治平，序有後先。君昔探尋，表之於前。風雅正變，三頌同編。歲月悠長，或有變遷。漢唐諸儒，提要鉤玄。彰明經義，守之益堅。宋儒改異，方向始偏。今人擾擾，膏濟火燃。張狂失措，要義莫傳。君振其緒，鉤之重淵。余嘉乃烈，爲聳詩肩。

迎遂翁鄉長返臺定居

蘇武新從海外歸。節旄依舊足揚徽。宋皇臺畔高樓影，獅子山前夕照暉。往日情懷成綺夢，今宵盃盞好忘機。菁華小館貯佳釀，共迓先生逸興飛。

蟋蟀

我讀七月詩，蟋蟀乃秋蟲。隨時易其處，能知秋與冬。嗟我今之人，廣野起寒風。依然循往日，不變爲其宗。時移勢已易，安能復癡聾。惟有燭機先，方可應無窮。既得利益者，曷不早歸農。安養林泉下，悠哉樂融融。苟尚不知時，何以善其終。鳴蟲盈四野，呼聲薄海同。

送華兒赴美留學

大鵬展翅渡洋飛。萬里前程自可期。爾父今來眞老矣，吾兒此後更肩之。娘親應孝妹當愛，學業須勤德不隨。還有中文常記取，勿忘身是漢家兒。

賦贈錟輝兄

三十年來老弟兄。丁丁伐木久嚶鳴。林公門下仁難讓，魯殿堂前學孰擎。吾祖仲弓明道義，君家叔重辨形聲。先人自古非凡俗，握手相期責豈輕。

註①　北與南爲電視影集，主角喬治與歐瑞友誼死生不渝，感人至深。

伯元吟草卷十

（起民國七十七年元月至民國七十七年十二月止）

送和煜叔祖返鄉定居

四十年來離別恨，家人相聚願終償。早知兩岸風情異，定有殊端景味嘗。章貢波瀾仍似昔，臺澎煙雨已非常。寄書我欲殷勤問，海峽何邊歲月長。

題李國明畫梅二首

勁筆畫來梅骨瘦，丰神卻與雪爭嬌。不隨衆豔誇顏色，自有孤芳慰寂寥。

我喜芝蘭子愛梅。梅蘭舊友共徘徊。與君雖未陪樽酒，已覺胸中度量開。

賦贈培林兄

與子相逢即弟兄。同君蓋也不須傾。卅年歲月邀青眼，一縷煙霞繞赤城。把臂忘形論今古，持樽遂性識交情。此生樂事知何是，釃酒時聞我友聲。

恭悼蔣總統經國先生

蔣公兩代爲元首，父子相傳政愛民。早置死生於度外，永留哀思在邦人。嘔心瀝血緣憂國，舜日堯天總是春。統一中華未了願，精誠感召必成眞。

恭次仲麐師丁卯歲暮書懷

高臥田園豈在農。繁花看盡作貞松。杏壇證道聲名遠，玉尺量才杞梓從。左手書應成絕技，詠懷詩復綻芳容。卅年相識蒙青眼，一似春風盪我胸。

恭壽仲麐師八秩嵩慶

福慧全修八十年。杖朝安雅大羅仙。早爲組織經綸手，晚育菁莪蘭蕙賢。對酒常能歡永夜，吟詩每欲賦長篇。請看桃李花千簇，祝壽弦歌響徹天。

讀邦新香海詩次韻奉叛一首

知音在眼曷重尋。策馬何須更入林。往校蟲魚明古義，今從詩賦識高吟。憂時盡是鄉邦恨，逐鹿眞傷鷸蚌心。夜讀君篇堪擊節，遠投珠玉自情深。

邦新兄賦知音相贈再依前韻奉答

雙聲疊韻個中尋。吾子淸名映士林。亂世群嚣淆黑白，斯文一髮感號吟。洋洋流水知君意，靄靄停雲繫我心。注髓塡肝全道理，相期無令鑿溝深。

附．丁邦新知音奉答伯元

前以沙田雜詠奉寄伯元兄承賜和詩高誼可感與伯元以聲韻之學訂交文字唱和則此爲首次前曾獲贈香江煙雨集並讀其長歌眞性情中人也再步原韻記此一段因緣。

古韻眞詮次第尋。小樓容與擁書林。壯懷慷慨長歌發，柔緒纏綿香海吟。濁酒同憂今世亂，新愁總繫故園心。曲高莫謂知音少，眼底群英汲綆深。

恭壽仲華夫子八秩嵩慶敬步八十書懷第五首原玉

皤皤華髮國之良。量守廬前得矩方。白璧文章人競重，玄亭歲月樂無疆。聲名熠燿光天下，風骨嶙峋立道防。今日杖朝齊上壽，門徒來享及氐羌。

夜讀東坡虔州八境圖引，謂吾鄉贛縣，

東望七閩，南望五嶺，覽群山之參差，
俛章貢之奔流，雲煙出沒，草木蕃麗，
邑屋相望，雞犬之聲相聞。思鄉之情，
油然而生，適族叔祖返鄉定居，因謂山
上樹木，砍伐殆盡，又為之憮然良久。
族叔金伯函中贛縣之贛，寫作火旁干，
並論兩岸統一事，因就此意賦詩奉答。

贛縣名緣章貢水，近年卻變火燒干。未知八境今安否？莫令
山都客自歎。應免崆峒光禿禿，眞傷文字亂團團。中華統一
從何始，書體先當復舊觀。

次韻希眞訪臺三絕句

海山遠隔望君深。長憶香江對榻吟。臺北重逢期夜話，一樽

無慮曉寒侵。
風雨相逢二月天。暮雲春樹又當前。桃花潭裡千尋水，怎抵歌聲響正綿。
雨急花殘月隱陰。飛鴻無影苦相侵。衡陽迴雁從南返，酒趣詩情應可尋。

次韻戎庵骨刺轉好喜賦

椽筆搜尋博見聞。同聲詞苑布陽春。衡詩協律勞生刺，播種隨緣慶得人。彩玉鋪成花似錦，斯文合見海揚塵。瑤章滿紙晴空色，雲霧全開景一新。

附・羅尚骨刺轉好喜賦

一樓高臥斷知聞。默識纏霖已葬春。小劫又曾經病苦，今生還欲究天人。深仇已逝長江水，亂領休揚碧海塵。眉月出山開霽色，殘花香息入簾新。

次韻奉酬希眞寶島之旅

馳驅攬轡羨儴徉。寶島風和夜未涼。民主已齊寰宇國，自由任入麗華房。雲霞落落情無忝，杵臼依依興更長。把臂成歡樽酒罷，高歌談笑又何妨。

次韻耀南聞劉賓雁遊美

劉賓雁有識時方。突決知焚燕雀堂。膽過正平能擊鼓，智欺孟德竟成裝。人心未死心猶壯，士氣常存氣更張。國事蜩螗仁者作，相隨振翼共翺翔。

附·陳耀南聞劉賓雁遊美有序

聞劉賓雁終能遊美講學，北地諸賢，春明唱和，秀句瑤章，發人深省，五千年之文化，尚有遺風；十一億之黎元，豈無國士。人心未死，浩氣猶存，感而續貂，遂步原玉，其實未識荊也。

百歲勤求藥國方。河清誰俟衆言堂。痌瘝在抱仍儒業，瀟洒開懷試道裝。步履難離左復右，網羅何事弛而張。馬群隨列終瘖駑，龍躍西天共鷲翔。

春日偶成寄甯盦

牡丹嬌豔冠群芳。花苑叢中是帝王。卻見滿園桃李笑，天香國色盡潛藏。

厚建先生癸亥歲朝寄我香港有詩今次其韻

知名今七載，未便友人來。古韻慚難盡，新書喜見裁。每欽雕刻好，愧對雁魚回。樽酒相陪日，吾懷應許開。

英才叔祖在臺相片金伯叔台輯為珍影集

來函囑題因賦一律相寄

每憶虔州就學時。令尊叔祖是吾師。飄零歷盡風波惡，契闊增添骨肉思。昔共土城荒石屋，已從水鏡美丰姿。孝心萬里存珍影，約寫因緣入小詩。

停雲社友迎遂翁於僑福樓太希翁在座共憶香江遯翁詩老乃欣然有作

笑談無象最生風。香海神交遯遂翁。過目難忘詩可誦，怡情自得意相融。西江老將眞無敵，南極三仙不道窮。我喜蓬瀛春未晚，一樽猶及獻諸公。

附·何敬群伯元博士以停雲雅集迎宴遂翁於台北僑福樓有希翁在座共憶遯翁欣然有作郵書見示卽次韻以和並柬希遂兩翁兼呈停雲諸詩老

靄靄停雲娲娲風。樓登僑福聚仙翁。未遑晤對海山隔，且許詩心水乳融。遙憶欣然憐朽拙，感時原不計通窮。夔蚿蛇目天排定，搔首無爲怨不公。

朝投遯老一詩晚接遯老與文擢懷冰二公用陶斜川韻唱酬之什亦賦一篇寄呈

錯翁與邃翁，停雲社小休。樽酒難遽忘，念念追昔遊。朝投三仙詠，西江接風流。暮讀斜川韻，疾若海上鷗。憶在浸會道，相隨同軻丘。津途頗指迷，惠我莫與儔。蘇公與懷老，珠玉互唱酬。人生至樂事，尙有過此不。身老思彌健，耽吟消百憂。端坐一室中，飄蕩去何求。

促希眞和作

遯翁懷老盡君師。錯邃二公尤所知。文擢伯元皆爾舊，賦詩相和莫遲疑。

次黃生坤堯高雄夜坐韻

聲韻求詩意，情深味更長。吟篇難合律，何翅入禪房。

蕭祖稷老師和余論統一詩自贛州寄達用

前韻復奉和一章

當年蜂火走征鞍。近歲平和喜戢干。煮豆燃萁仍太急，鬩牆招侮更增歎。雙江滾滾波千里，八境悠悠夢一團。待得軒轅天樂奏，鬱孤臺上盡情觀。

銀泉鄉居

荆事萬里闢田園。築室銀泉亦覺妍。早上禽鳴催我醒，夜間蟲叫伴人眠。門前綠草如茵密，屋後楓林障日偏。燈下每看兒女笑，天倫相聚樂陶然。

次韻戎庵病起

往結停雲社，吟詩粗識門。欲令華實茂，自應培其根。社中多吉士，心儀羅長源。詩文精且深，豈與衆同論。宮商辨微芒，法眼人共尊。今俗不識律，古學久沉冤。喜君病已起，幸爲窮本元。

九日遣懷二首

年年九日懶登高。避難良無地可逃。世路從來多棘刺，詩人只合賦離騷。南行猶似經千劫，北望何曾助一毛。羸馬如今眞疲矣，元龍到此豈能豪。

詩人往共宴重陽。斑鬢還來認醉鄉。世事浮雲異今昔，深秋老樹倍淒涼。桑間曾宿能無戀，好句難安亦可傷。去去煙波千萬里，愁懷休訴別離腸。

贈韓國忠南大學校文科大學長都守熙教授

幸會儒城學長都。語言丰采兩堪書。與君把臂情偏厚，許我知音意更舒。樽酒殷勤通款曲，長年安雅注蟲魚。詩篇遠寄欣同好，一道難忘識面初。

應香港浸會學院謝校長志偉之聘講學兩年先寄一律

獅子山前桃李園。園開還迎舊文軒。五年歲月悠悠去，兩載耕耘細細言。賓主成歡敦夙誼，生徒繼絕養根源。南來再度登壇日，要令菁莪識道尊。

奉和仲麐師辨懷贈別原玉

早歲批書不停手，晚來證道見精神。窮通有命緣身拙，黑白無常豈世新。絳帳傳經非博學，鳴蛙坐井敢誇人。殷勤慰誨叨青眼，頓覺當前景物春。

前詩未盡所懷更賦一篇奉呈

讀罷先生贈別詩。不禁涕淚已盈滋。深仁响我恩偏厚，純德如公意總思。三宿豈無桑下戀，驚烏難擇月明枝。從容長葆青松色，定謁門牆獻壽巵。

附．華仲麐師辦懷贈伯元之港

便有豪情供吐納，可堪愁損不能神。孤軍角藝哀張楚，短筆污塵恥美新。也識谷音少知己，故將雜説藐蒐人。楸枰黑白紛難析，抱我心頭一寸春。

次韻希眞喜聞余將重臨香江

使君應識我情深。且憶當年共醉沉。攜手曾歌香海闊，開樽時有好朋斟。坐中相對忘機侶，席上常呈異味禽。此日重臨獅嶺下，想來定不負初心。

往年香海共優遊。因有良朋許結儔。流水洋洋互酬唱，停雲靄靄共尋求。宋皇臺畔聯佳句，丹桂園中詠醉甌。兄弟之交不猜忌，相逢自可解吾憂。

金門八詠

莒光樓

毋忘在莒建重樓。今許登臨一展眸。往日貔貅齊奮武，盡殲魑魅著勳猷。

古寧頭

兵敗如山事幾休。安危全仗古寧頭。王師再造中興業，國史當書此戰猷。

迎賓館

迎賓館鑿地崢嶸。深入山巖築石城。烽火連天渾不覺，冷房何懼砲來轟。

擎天廳

鬼鑿神剜氣象森。擎天廳令衆人欽。斧斤累累痕多少，盡是英豪報國心。

榕園

天然美景在金門。翠竹榕陰綠滿村。更有慰盧佳氣象，鴻儒宅第世人尊。

太武山

千巖萬石聳山巔。下瞰平原廣野連。鎮守金門臺海靜，安危憑仗一峰肩。

馬山遠望

百轉邅迴曲徑通。神州遠望入眸中。青山綠水依然在，只是民風已不同。

田墩海隄

與海爭田起海隄。奔騰萬馬怒潮低。天工人亦能相勝，端視人心是否齊。

金門行

沈生思兼邀我同作金門行。聞聲色舞大動我歡情。金門堡壘鎮臺海，爲我反共前哨之金城。當年兵敗如山倒，跨海東來保臺澎。匪之氣焰正高漲，誇口血洗臺灣面目眞猙獰。古寧頭大殲犯匪無生還，乃能扶持大廈於將傾。他日中興書國史，將士戮力功尤宏。彈指光陰四十載，方得親臨聖地停看聽。鐵翼摶風載我來，碧海萬頃波濤平。人言金門本是童山光禿禿，蕩滌山川寸草無由生。四十年來不間斷，十五萬大軍夜寐而晨興。綠化金門軍令下，種樹灌溉勤勞形。極目太武山，松柏翠亭亭。綠油油一片，細柳隨風迎。空氣極新鮮，道路整潔草長青。迎賓館，擎天廳。地下遍馳道，密如蛛網縈。桃源在世外，人間之蓬瀛。舉國數千縣，何地能得此殊榮。我讚金門奪造化，統一中國將來垂典型。

次韻幸福仁弟羽順園宴別

枉自長年擁百城。乘桴浮海動行程。推恩師苑無常道，念舊香園有故情。如此光陰非往日，爲誰風露泣秋聲。寒霜滿地君詩好，讀罷心頭暖意生。

附・文幸福伯元師香江講學隨天成仲寶二夫子羽順園宴別

不開霏雨漫都城。留戀詩人阻遠程。裘馬風塵薪火志，海天雲樹故鄉情。流連文藻宣江國，突出蘭臺振漢聲。園外霜寒園內暖，且從杯酒誦平生。

赴港前夕奉和雨盦大兄書展二首以代謁別

龍蟠鳳翥感咨嗟。功力深時綻異葩。遠紹米顛天外態，筆停風霽日奇斜。

寒藤掛木酒還醺。活筆飛龍已入雲。觀罷高行三百軸，和詩未可一言分。

附·汪中戊辰秋書展書感二首

春蚓秋蛇莫漫嗟。蘭亭蜀素燦奇葩。將來百幅荊溪紙，寫得高行斗字斜。

夜月微茫酒已醺。研翻墨瀋起煙雲。弱毫好共幽居士，合是淵明一二分。

金伯叔賦詩詠古虔景觀次韻奉和

異縣他鄉號古虔。深懷贛邑景多妍。五峰簇嶽崆峒出，二水奔騰章貢連。積翠浮空青嶂遠，行人到處百憂捐。鬱孤臺畔容重聚，定上奇巖入洞天。

遼加室主人邀宴太白懷冰詩老松超耀南

坤堯同席戲賦一絕冀博一粲

東坡太白兩天仙。香海相逢信宿緣。摩詰左思山谷在，子昂能不聳詩肩。

畢業三十年與港窗友歡聚感賦一篇

當時衫鬢兩青青。此夜重逢說別情。鬒髮今成半玄白，身圍相對見豐盈。無猜惟有同窗友，諧謔還存往日聲。畢業卅年能耐久，松寒顏色更清明。

讀遯加室叢稿消夏雜興感賦一篇奉正

醉翁門下士，雜遝難爲賢。或如蘇長公，佼佼人中仙。或如曾子固，孤芳陋群妍。亦有蔣士奇，赤口間白玄。毀沮殊未已，誰直王臨川。令翁益憔悴，退居西湖邊。謝安晉太傅，國寶還相煎。讒行主相間，爲之淚漣漣。昔讀采葛詩，感慨安可言。蓬門偏射羿，師道何由傳。古人且如此，今人何不然。來說是非者，是非由播宣。遯加具法眼，定察秋毫顚。

次韻坤堯仁弟見贈

頻來相顧識情深。把酒陶然一掃陰。對子持螯動佳興，論音從古到如今。欣聞絕學宣南海，始信孤懷有苦心。重抵香城風未凜，斜陽仍尙値沈吟。

哀查良鏞

嘲笑當年任我行。如今甘作筒傳聲。強辭奪理論民主，利欲薰心失衆情。未識幾人眞察察，可堪志士竟營營。香江百姓權喪盡，依舊難逃功狗烹。

贛州風光八詠

余生於贛城，而離鄉四十年，往日風光，記憶模糊，每讀東坡八境圖詩，未嘗不心嚮往之。族叔金伯遠自定南寄來贛州風光明信片一套，故園景觀，重接眼簾，心爲蕩漾，因即其圖，新成八詠。

慈雲塔

當年幼學共嬉遊。重見慈雲已白頭。夢裏鄉情仍美好，何時塔上再尋幽。

八境公園

東坡八境詩篇在，贛邑風光萬古傳。草木蓊蔥青嶂遠，河川深廣浩無邊。

八境臺

欣看八境我高歌。翠竹青榕映綠波。何日臺前容盪槳，吟詩亦欲學東坡。

鬱孤臺

鬱孤臺下我初生。相對依稀記別情。千里悠悠贛江水，長流渾濁幾時清。

通天巖

巖號通天景實奇。當年曾此共涼颸。如今萬里他鄉外，歸意常隨雁影馳。

東河大橋

貢水滔滔入贛江。橋橫十里似長矼。浮船今日還存否？莫是終難抵怒瀧。

鐘樓

贛州城裏陽明路，路側公園織翠茸。今日重觀無此景，樓高喜見自由鐘。

東園

南門城外昔荒蕪。今見東園入畫圖。園外人多園內少，不知何故竟踟躕。

讀文擢教授三峽吟草

碩學鴻儒底處尋。眼中椽筆竟成林。羨公才似行空馬，撼我聲如坼甲音。三峽樓船搜故國，兩蘇金玉作龍吟。詩篇前後相輝映，俊逸君家最所歆。

香港浸會學院畢業典禮聆謝校長以國語致辭賦詩有感亦賦一篇

辛苦經營十五年。無關時地乃人緣。滿園桃李隨風發，舉座師儒盡火傳。將入版圖先正語，爲頒學位後成眠。如公龍馬精神健，浸會昂頭兩大前。

附・謝志偉校長原作

唏嘘十五話當年。異國無端結善緣。庠序窮途生未絕，羅勳偉論港初傳。群儒匯審勤忘倦，衆志同工夜待眠。喜越重重金殿試，黌宮挺首萬夫前。

敬次遂翁鄉長風雨

仁人志士宅心勞。家國今如浪湧濤。亂語胡言容彼輩，先憂後樂讓公曹。乘時好寄詩書畫，討賊攸關裳澤袍。五柳清風誰不識，聲名足與日爭高。

附・涂公遂風雨

風雨連朝伏案勞。萬千感念湧心濤。異端乖說成斯世，亂柄邪符握汝曹。久痛狂瀾淹正氣，終期仁政拯同袍。嚌文煮字慚庸懦，老境深懷五嶽高。

贈文疊老

景翁子老盡吾師。公與遨遊並轡馳。無怪盤根森鬱鬱，班門何敢更論詩。

次韻答鏡熹讀余恭挽景伊師二十七首有懷

鏡熹與余同事先師瑞安林景伊先生，而才華洋溢，卓爾不群，聞一知十，譬之回也，同窗友人，僉稱才子，國學造詣，胎息深厚，博聞強識，自歎弗如。其後鏡熹返港，余留臺北，三十年來，雖罕晤面，而感念師門，曾無少衰。今讀其有懷詩，於余獎飾有加，殆亦愛屋及烏之意也。因步其韻，奉呈一章。

師門今昔話當年。才子誰堪與比肩。類出群倫難仰望，胸藏萬卷尚精研。一頭容我終承讓，十喻如君自可傳。昂首香城宣絕學，九泉聞息亦欣然。

附・方鏡熹讀伯元恭挽景伊師二十七首有懷

伯元與予早歲同師事瑞安景伊先生，先生學擅多方，聲韻文字，經子詞章，無不精研，從遊伊始，初習詩文，繼研諸子、訓詁，伯元兢兢業業，不倦孜孜，兼且英華內斂，態度至恭，甚得景伊師之鍾愛，叩頭入室，獲度金針，所著古音學發微、音略證補等書，已光章黃之學。今睹其詩作，才情都備，古今各體，悉足以觀，乃知夫眞積久，果得薪傳，景伊師於予亦曾期許，惟生性怠惰，相隨日淺，乃爾學殖荒落，一無所長，讀伯元恭挽詩，復見其學問所就，堂奧自成，規模已具，爲能無感無慚於中心乎！因成此律，奉呈伯元吟正，並表愧怍師門之意也。

拜別師門廿九年。功成寢饋怎差肩。早耕聲韻蟲魚學，復把詞章翰藻研，事奉般般懷帳暖，追隨兀兀得薪傳。新知繼絕光流派，我望宮牆只赧然。

次韻金伯叔台讀余香江煙雨集

贛水源流出貢章。鄉思異域曷曾償。神州本是炎黃地，香海何曾蘭蕙芳。風雨欲來心震盪，萬千無奈理昭彰。應知靖節桃源裏，盡避秦民具酒漿。

家炯學長設宴招飲並聚窗友席上賦詩因和其韻

少年瀟灑數潘江。玄髮先斑起白芒。擲果盈車原浪漫，生財有道曷彷徨。海山雖使人相隔，雲樹常思誼豈荒。最是陶陶樂今夕，一樽才酌興昂揚。

附・曹家炯伯元博士學長兩次應聘執教浸會學院相聚時觀其才華飄逸學識淵博自愧學無寸進有感而作

相逢兩度在香江。髮鬢婆娑露白芒。昔日自慚多散漫，今朝回溯感徬徨。何堪歲月催人老，只怨蹉跎累我荒。少小同窗皆顯達，獨憐秋草向斜陽。

伯元吟草卷十一

（起民國七十八年元月至民國七十九年十二月止）

坤堯弟稚子晉朋七歲賦詩頗具韻味喜其聰穎因和其韻

無雙江夏種，稟賦足傳家。七歲能成詠，非同霧裏花。

閱香港明報有懷兩盦

酒林今日數群英。應是汪中最有情。餘子還難成敵手，幾時相對一樽傾。

香港章黃學術討論會有懷景伊先師

每思量守奉餘杭。此日吟來倍感傷。眞憾先生身窈渺，幸傳弟子氣昂揚。勤宣絕學添新火，往度金針出利芒。永念師門恩意在，悠悠歲月總難忘。

次韻于靖嘉教授章黃學術討論會口占

學術遠源章與黃。同門相聚興昂揚。大姑首唱聲何壯，兩岸齊心孰可當。

附・于靖嘉章黃學術會口占

香添學苑贊章黃。港上諸賢意氣揚。盛歎齊煙終不替，會心文字有擔當。

即景贈希眞

如煙如霧景難明。春色重陰總不晴。信步城郊胸豁達，天空海闊好風迎。

北京屠城上李登輝總統

四十年來家國恨，莫將臺北作南京。忍看悽慘屠城役，不動絲毫拯溺情。諸葛出師眞慷慨，放翁抒憤亦精誠。弔民伐罪時難得，速整戈矛渡海征。

附・梁校長尚勇陳教授伯元兄自港寄來北京屠城上李登輝總統七律戲代李總統答之

屠殺學生令人恨，血罪滔天莫與京。也欲弔民除元惡，力拙心餘有愧情。深信滅秦雖三户，且祈上帝抒眞誠。自由女神顯力量，萬衆歸心不用征。

成文楚望挽詞

玉尺量才久，黌宮育士長。駢文稱國手，聯語散餘香。寵錫三眞在，悲聞一老喪。異鄉觀墨色，對卷淚沾裳。

天安門行

四月十五天安門。千人萬人哀國魂。北京高校群英出，借死刺生驚乾坤。共產政權朽且老。貪污腐敗兼官倒。專權戀位鄧小平，昏庸一撮胡亂搞。權貴子弟滿邦飛。尋常百姓生意微。通貨膨脹日三變，物價騰昂朝暮非。天安門外風雷起。自由民主聲不已。靜坐吶喊復遊行，一心救國忘生死。遊行猶未醒頑冥。三千絕食留丹青。感動工商百萬衆，視死如歸垂典型。外交科學統戰部。工人總會齊動怒。誓爲後盾保學生，義不容辭髮盡豎。西安廣州哈爾濱。成都武漢人咸瞋。香港百萬市民起，全球華人怒火焚。屠夫李鵬政暴亂。極權陰魂終不散。戒嚴令下軍圍城，截兵奮勇殊浩歎。白衣瀟灑民主神。鬢髮飄飄眞逸塵。十億人心同一願，瀰漫民主自由春。李楊愚兵心術惡。軍來何事軍漠漠。禁絕不聞營外訊，但敎屠城塡溝壑。楊家走狗廿七軍。坦克機槍亂紛紛。可憐空拳人赤手，瞬間慘死古稀聞。市民浴血跟離肘。肝腦塗地誰尸咎。前仆後繼散復來，浩氣常存眞不朽。機槍掃射如蜂窩。鮮血匯聚流成河。坦克來回馳騁下，頭顱無數任碾磨。嘉定三屠人人恨，揚州十日今猶忿。北京六四大屠城，異族兇殘無此恨。夏桀商紂秦始皇。暴君誰堪比瘋狂。焚屍滅跡無人性，善良百姓咸遭殃。良民萬死逾千萬。似猶未償獨夫願。緝捕令下到處搜，可憐同胞命如線。自由民主思想開。志士仁人次第來。打倒極權除暴政，民不畏死誰能摧。王丹柴玲封從德。吾爾開希俱正直。不畏強權斥暴君，全心全意救中國。天翻地覆琢忠肝。播音無悸數李丹。一士堂堂身是膽，十八坦克難動彈。勇士成群非一樣。青史當留勇士像。阻車神勇王維林，今人何在心悽愴。世人共睹血洗城。厚顏荒報無喪生。顚倒是非淆黑白，卑鄙無恥人人憎。慣說謊言推袁木。軍頭張工亦奴僕。睜開眼睛說瞎話，驢鳴犬吠人頭畜。鄧小平是殺人魔。神州萬戶鬼唱歌。錦繡河山非往日，人間地獄似森羅。炎黃子孫十一億。人人憤怒動顏色。報仇雪恨記心頭，當揮群策盡群力。人人齊心力無窮。剷除暴政氣如虹。滌淨污腥民作主，天下為公慶大同。

坤堯囑題心畬大師古木幽巖圖

原是天潢冑。散作丹青手。繪成雲錦圖，邱壑蟠胸久。松枝通猿路，鬱律龍蛇走。人間豈易得，喜為君所有。珍瑰殊悅目，此樂眞不朽。

次韻戎庵讀伯元教授天安門事大篇奉酬

二首

身在桃源不識秦。宴安鴆毒意猶新。出師一表眞名世，千載誰堪與比倫。

南宋偏安氣數危。臺員今日竟同之。弔民伐罪人何在?·忍淚高吟陸子詩。

附·羅尚讀伯元教授天安門事大篇奉酬

北垣暴力過嬴秦。伐罪堂堂史筆新。力爲詩壇開境界,虔州膽識欲無論。

宋臺顧盼念安危。把酒高歌想見之。總爲神州多事日,古今同感助昌詩。

次韻金伯叔台賦贈定華女史

孤負名花四十年。揭來猶自憶前緣。橫流過後眞如夢,浩劫平時已似煙。滄海月明盈別淚,虔州語暖妙毫顚。感君離合心難靜,縱筆題詩和此賢。

九月九日有懷燕孫教授

霹靂施威後，江河滿急灘。飆風猶不止，心膽已俱寒。今日商音作，何時漢詔寬。來年香海上，能否見鵬摶。

代家君作重陽感賦

重陽敬老禮猶存。菊酒萸囊笑語溫。福國利民仁政在，歸心應可轉乾坤。

秋涼 榆社社課

盛暑溽蒸施虐後，秋風瑟瑟感蕭疏。飄風敗柳霜猶厲，行子居人膽更虛。四海朋儔皆白眼，九州甸域盡瘫疽。紫金城下諸囊袋，無術康時實可歔。

香港慶雙十國慶

朝曦迎節耀雲端。香海歡聲震市闤。白日青天紅滿地，幾疑身已到臺灣。

景伊師八十冥誕

惆悵先生今八十，難持玉杖共傾觴。往年絳帳如潮湧，近歲慈容入夢長。每念深仁春浩蕩，惟將傳世學宏揚。瑞安師說光天下，乃我心頭一瓣香。

附·方鏡熹景伊師八十冥誕步伯元韻

先生敎範型庠序，冥壽八旬遙奠觴。指畫口傳嫌日短，心儀膺服比天長。餕餘飣餖都珍貴，桃李芬芳足發揚。嗟我只能嚐一勺，同蹊枝葉得分香。

閱報聞遂翁將自立院榮退因賦長句奉呈

次九日登五指山韻

連宵苦雨轉秋涼。雲霧消時見豔陽。卌載賢勞尊法統，此番清節厲寒霜。從今竹下開三徑，莫惜樽前偶一狂。洛社風流餘韻事，暮年詩賦總迴腸。

附．涂公遂九日登五指山遙祭先靈

風雨連宵潑嬾涼。澆愁湮夢迫重陽。衡廬雁斷無煙影，梓里松楸結淚霜。世變翻騰無岸際，道喪乖繆轉猖狂。流離四十三年矣，銜涕登臨訴斷腸。

附．羅尚伯元教授示和涂遂老九日韻亦作一首呈遂老

翠微攜酒飲新涼。吩咐蓬山障夕陽。開濟以來勞獻替，艱屯之際履冰霜。不慚料事忘齊斧，猶得行歌學楚狂。跂望神州雲霧裏，九迴辛苦是詩腸。

四十八屆師大國文系窗友畢業三十年聚會香港家炯學長憶往多情因賦長句相贈

兼東同席

當年師大坐春風。別後韶光已卅冬。此日香江重聚會，幾回彌撒憶從容。金樽酒滿休辭醉，白髮情深尚夢濃。縱使相逢當一笑，青山非復碧玲瓏。

燿南博士膺任僑選立委聞訊欣然詩以賀之

國士天南已出塵。四方爭看骨嶙峋。幾番後浪衝前浪，此日新人替舊人。法統民心俱適意，高風亮節足推陳。眉山句好君須記，謀道從來不計身。

除夕與少甫同謁景伊師墓園

六載丘山不勝情。美洲香海急奔行。吟詩氣哽音難展，注目悲凝淚易成。細雨寒風淒曷極，青松碧草黯無聲。墳前默立同心禱，淸範當能樹典型。

次韻志偉校長八九年除夕

太息今春花已零。散如飄絮變爲萍。自由民主潮方盛，不信終難洗血腥。天安門外萬家哭。六月降霜憫吾族。坦克機槍血肉飛，老賊殘民情全曝。波捷匈羅德有由。東風西漸一掃愁。全球華人志不懈，定教潮水轉東流。

附·謝志偉校長一九八九年除夕

八九殘妝到九零。何堪世事夢浮萍。船民犯境刁難逐，北朔南侵透血腥。六月天安神鬼哭。狂飆怒捲華夏族。黎民血濺市街頭，辣手屠夫屍骨曝。遍處丹心嚮自由。圍牆鐵幕惹人愁。西風本繼東風起，何日東風再復流。

文擢教授賦詩相贈依韻奉和

昔聽羅含說已多。今從玉局老仙過。千尋樹自分陰好，白雪肌還得韻和。鐵畫銀鉤看筆健，唐詩宋曲任情歌。后山閉戶傷才短，敢望君家赤壁峨。

附·蘇文擢伯元教授招飲賦贈並柬同座諸子卽希吟正

同聲流輩漸無多。鯤海龍城幾度過。浤長遺風標漢學，坡仙餘韻發天和。何人更寫匡時策，我輩猶堪對酒歌。談屑頓增微醉後，夜樓燈火氣嵯峨。

附·黃坤堯奉和遂加伯元二師招飲原玉

蘇海韓潮轉益多。夙緣天與立門過。蓬壺草木霑高韻，香澥煙光賴協和。詩悟淵微陶令菊，酒憑意氣謫仙歌。匡廬盡攝江西秀，迤邐南來五嶺峨。

附·羅尚和香港遂加先生伯元教授酬唱韻

並承存注寄詩多。日月驚看鳥影過。又是客途逢歲暮，艱難家國致人和。二公寫意擎杯飲，獨我無心扣角歌。遙獻椒花祝長壽，門前大海立峨峨。

楊教務長國雄尊翁善楨先生挽詞

浸會耕耘廿幾年。承傳奕世已身先。向歆西漢開儒業，橋梓香江育衆賢。獅子山前桃李茂，春風席上棟樑堅。徽音仰望添哀戚，月落星沈一泫然。

次韻戎庵樓夜

香海重來擁一樓。抬頭每見月如鉤。江山信好將陳跡，豪俊誠難解此愁。北極冰溶千里暖，秦城火熱萬人幽。觀時我與君同慨，蓬島還憂水逆流。

附·羅尚樓夜

宇宙還容據一樓。燈前挽袖看吳鉤。何人可建千秋業，有酒難消萬古愁。地火潛焚東海沸，妖氛冪歷九關幽。荆亡只是哀詞客，湘水無情日夜流。

戎庵詞長再疊樓夜韻見寄因即奉和並乞教正

春雷陣陣震瓊樓。濃霧層層掩月鉤。老去偏偏貪不厭，新來漸漸覺多愁。孤舟兀兀隨波盪，前路茫茫闃景幽。未識津航充水手，盲人瞎馬夜臨流。

附．羅尚伯元教授在香江和樓夜詩疊韻奉酬即請郢政

日日蚍蜉撼蜃樓。釣龍眞要月爲鉤。列星天上還相鬥，二廟山中豈不愁。春雨連旬成晦暗，智燈無力洞深幽。報君一事兼憂喜，獨槳孤舠正亂流。

附．蘇文擢次韻伯元教授和戎庵樓夜韻

蜃市遙瞻隔海樓。世情翻覆似藏鉤。明心諭俗誰眞會，負手

看雲有遠愁。料峭頗憐花信寂，沈吟知託酒懷幽。元龍醉後多豪氣，詩句還看截衆流。

附・黃坤堯和戎庵詞丈伯元夫子樓夜再疊韻

關河冷落怯登樓。王粲無才補玉鉤。公讌飛觴誇健筆，平原枯骨黯牢愁。山川窮白炎黃恥，耆老專橫牛斗幽。絕食抗顏求國是，千秋民業水安流。

三疊樓夜韻奉和戎庵詞長

公輸墨翟各營樓。勝負猶如竊國鉤。天下紛紛無一計，朝中擾擾更多愁。燒旗污像成何統，著意驅神撼九幽。四十年來辛苦業，巨靈封掌斷源流。

附・羅尚三疊樓夜韻酬伯元清懷教授香江

白雪飛來海上樓。花牋小楷寫銀鉤。坐視叔世塵塵劫，牽動人間種種愁。有暇遙尋酬唱樂，多情同闡古今幽。曹溪活水源頭在，流向人間是勝流。

四疊樓夜韻奉和戎庵詞長

神疲目倦懶憑樓。難識棋中暗伏鉤。心腹盡爲人棄後，畫圖卻見臉含愁。東吳都督英姿發，西蜀孱王永世幽。今古賢愚惟所向，激情求老已分流。

附・羅尚擢公和伯元樓夜韻讀後四疊前韻酬伯元擢公並柬清懷兄

坐閱飛花過小樓。藏鉤罷後又藏鉤。雨晴乍覺春光老，詩到遙添國士愁。壁上觀棋成淺笑，夢中尋鹿撥深幽。翠華想像空山冷，雲起雲消水自流。

賦贈淺會學院中文系畢業諸生

香海從遊才兩載，師生相聚已陶然。傳薪應許添新火，述學還期勝昔賢。得路驊騮千里動，滿園桃李一心牽。驪歌唱後重逢日，老眼容青快著鞭。

壽遼加詩老七十次戎庵韻四首

昔憑羅隱說，今識帳中春。氣象雄南海，風流起涸鱗。才如三峽湧，口播五經新。傳道揚心鏡，和光照世人。

常使如椽筆，縱橫掃秕糠，儒宗崇海嶽，清德滿湖鄉。後學紛從業，高門共引觴。南山今上壽，夫子樂無疆。

往歲初攜手，心中已有情。忘年同樂道，青眼助揚聲。麗典今盈案，深談每掬誠。無慚蘇子後，樽酒寄平生。

九域滔滔亂，時憂紫奪朱。狂瀾憑障挽，聖學始昭蘇。筆健開新境，階平合舊符。門人齊獻壽，博識過元虞。

附・羅尚文擢先生七十壽詩

一代文章伯，般憂力挽春。摩天揚巨刃，禱海起沈鱗。載道匡時弊，明心著論新。世家爲故國，南極仰人人。

削札誅楊墨，撝文掃秕糠。爲功韓吏部，表德鄭公鄉。淺語能經世，詹言助引觴。儒林同有祝，夫子壽無疆。

鯷海一傾蓋，斯文骨肉情。仗公能說項，使我遠飛聲。餽贈至無數。諮參空有誠。幾時香澥去，百拜禮先生。

聖學惟明道，公來接陸朱。深沈加邃密，衰溺得昭蘇。所望兵銷氣，非關獲寶符。昌言思禹拜，世曷返唐虞。

香港浸會學院中國聲韻學國際學術研討會賦贈與會學人

炎黃綿世胄。東亞稱俊秀。歷史五千年，文化尤淑茂。尋音出本株，相接同聲臭。一峽分兩岸，卅載互纏鬥。兄弟鬩于牆，志氣何鄙陋。攜手在今朝，歡如遇故舊。學術共發皇，各歸諭其幼。殷勤道寸心，寬仁宜在宥。重建大中華，山河如錦繡。聲威復漢唐，昂頭步宇宙。

黃花岡七十二烈士紀念碑

四十年來思慕深。今朝終慶得登臨。長存浩氣碑銘在，可恨青天白日沈。開國奇勳光史策，捐軀烈士足徽音。北庭不論誰當政，仰對黃花有愧心。

初見新魁教授於廣州

雲樹相望七載深。今宵把臂一沈吟。看君氣象雄南海，振我精神得賞音。著述盈身欣樂道，風流淑世醒青衿。他年九域承平日，樽酒眞當細細斟。

西湖蘇隄

西湖天下景，黛綠滿蘇隄。玉塔孤山立，微瀾翠柳迷。當年多夢想，此日聽鶯啼。無限流連意，徘徊月影低。

金伯叔台賜和拙稿贈中國聲韻學會與會學人詩仍用前韻賦答

德才公遺胄。文彩推子秀。族祖嘗指余，與君松柏茂。我在蓬瀛島，藝蘭薰餘臭。君留火宅中，歷經魚龍鬥。荏苒四十年，不談雅與陋。在艱志彌厲，念念還思舊。文化有輝光，固應訓其幼。息此交鬥心，解網宜寬宥。贛南佳山水，風物如錦繡。何時一樽酒，相對論世宙。

登黃山遇雨

黃山景色萬千端。待我來時霧一團。指路仙人迷不見，撐船老漢失奇觀。天都峰頂天梯道，碧水池中碧玉瀾。悅目賞心容異日，此生終必再盤桓。

夜步蘇隄

蘇隄春曉最迷人。柳綠桃紅各顯神。我輩來時秋水滿，行雲散後兩峰新。六橋僅在跨虹過，雙鏡惟留燈影親。團友陶陶樂今夕，相逢陌路已如鄰。

南京謁國父陵園

國父陵園何處尋。紫金山下柏森森。力挽千鈞迴大漢，名垂萬世仰徽音。三民主義人皆重，兩岸同胞意共欽。我到墓前行敬禮，難禁熱淚已淋淋。

蘇杭道中

蘇杭人道是天堂。我亦天堂走一場。楊柳垂絲低戶暗，溝渠到處利舟航。綾羅耀眼桑麻茂，士女如雲髻鬢香。似此江山多美好，無方治國足神傷。

伯安彩墨畫展

我到黃山霧一團。今看君畫景千端。天都峰頂天梯路，碧水池中碧玉瀾。巧筆自能開氣象，錦心眞可挹松巒。壁間設繪成邱壑，怪石奇巖次第觀。

在我仁弟邀赴韓參加語文學會既申之以函復宣之以詩余以家君臥病躬奉湯藥未克遠離因次韻奉酬兼柬鶴山教授聊申祝嘏之意

非鵬何翼起南溟。北海諸君鼓發霆。詩敎定將傳域外，嗣音應可播遺經。節如松柏宜長壽，學善文辭自妙齡。嚴父臥床今閱月，躬任湯藥歎伶仃。

先君遺墨一丸

非人磨墨墨磨人。不見當年購墨身。手執烏金盤裏轉，心懷老父夢中親。趨庭受敎情猶昨，陟岵增悲性豈泯。夜話喁喁思往日，床空月冷倍酸辛。

附・羅尚伯元見示詠其尊公所遺墨丸詩次韻奉和

道山歸去老成人。文範先生有後身。遺愛墨丸堪至寶，孝思風木感嚴親。六書治學求根本，百世傳燈不滅泯。餘事藝林稱好手，詩詞豪放似蘇辛。

伯元吟草卷十二

（起民國八十年元月至民國八十二年十二月止）

讀戎庵詞長梅花謠朱鳳行諸大篇氣象萬千張翕自如欽羨不已特奉西湖木版水印吟箋一疊並賦長句相贈

喜讀宏篇意氣揚。正如旭日起東方。平生志業耽瓊思，千首歌詩入錦囊。吾道不孤終仰仗，斯文未墜必恢張。吟箋一束隨青使，更寫聯珠疊璧章。

附．羅尚伯元贈西湖箋一封和韻奉謝

藝苑吟鞭久共揚。馬眞生角此炎方。探懷各有江淹筆，納句何須李賀囊。郢曲調高賡一一，西湖箋好寫張張。幾時歸去滕王閣，捲起珠簾望貢章。

伏嘉謨教授八十雙慶

福慧雙修八十年。先生應是大羅仙。早期投筆喧金鼓，晚日傳經樂管絃。聯語已堪稱國手，齊家又欲度前賢。題詩長祝公強健，歲歲拈髭一囅然。

次韻謝校長志偉浸會學院畢業禮港督莅臨主禮誌盛

欣看海外飛鴻至，頓憶當年浸會行。學子莘莘勤本業，宏儒濟濟耀冠纓。延師禮接三王後，勵志胸懷萬里程。總督親臨人感奮，重溫舊夢不勝情。

喜聞慶勳弟榮膺高雄師範大學國文系主任感賦

二十餘年接識君。欣聞獨鶴出雞群。往時壇坫殷勤會，今日從容德業芬。木鐸久宣明至道，斯文未絕起新軍。他鄉萬里傳消息，不負初衷著意薰。

夜宿若蘭山莊贈莊主伉儷

曲徑通幽到若蘭。山莊天地果然歡。梅峰眞有神仙侶，瑞谷欣看鶼鰈團。烹茗遍嘗滋味永，勸人珍惜福緣寬。蓮花白酒風情好，主客陶陶樂未央。

鴻儒學弟以手抄詩經韻讀呈閱喜其孜孜不輟因賦長句以歸之

鴻儒基礎始蟲魚。道術宏時意皦如。兩漢名家能解字，初唐經籍有新疏。文章無敵通三卷，氣節淩霜著五書。一脈相承量守業，瑞安師學授吾徒。

九日

秋氣侵懷意鬱陶。年年九日怯登高。神州黯黯眞無奈，臺海滔滔未足豪。曉霧晦迷紛靄靄，炎方乖濟總忉忉。天聽不自民聽入，爭靖滄溟萬里濤。

詠橘贈夢機

橘生湘水側，已入上林園。萋蕤映庭樹，枝葉發華妍。故條雜新實，金翠共含煙。吐蕊成甘旨，清氣復芳鮮。無何遭烈火，顚踣受熬煎。來年春意至，貞枝復娟娟。重聚停雲社，還見筆如椽。將我區區意，奉上君子前。

觀棋二首

當局迷時志曷清。舉棋難定事難成。閒來細看年來變，落子紛如未必嬴。

觀棋猶似在觀兵。落子存心險詐生。兩黨今朝成敵手，算人顧己決輸贏。

戎庵寫竹

兩竿修竹倚雲栽。好似篔簹谷裡來。豈道渭川千頃碧，今從枵腹手中開。翠叢應是蕭郎筆，煖閣還棲白傅才。雪節霜根生意凜，病維摩詰不須猜。

次韻金伯叔台桃江竹枝詞十二首並序

民國三十五年，對日抗戰勝利之翌年，我四會鄉父老鄉親，扶老攜幼於王龍廟行迎神賽會，時余方就讀於陽埠鄉惜分小學，隨先嚴先慈往龍王廟觀此盛會，確爲盛況空前，猶憶當時廟中上演湘劇莊周戲妻，至大劈棺，劇目精彩，衆人專心會神之際，忽然人群騷動，鄉親不知何故，一時大亂，至人相踐踏。先君睹此，乃登高大呼，鄉親聽者，目前無事，請鄉親勿動，衆遂寧靜。乃免除一場浩劫，迄今四十五年，記憶猶新，而今先君先慈先後棄養。讀金伯叔來詩，身在萬里，憶及昔情，實不勝人事滄桑之感，爲之欷歔不已。因和其韻十二首，將來也許可作我四會鄉之歷史文獻也。

桃江

桃江一別思悠悠。戲聽當年巧囀喉。王母渡頭人似海，投鞭亦可斷江流。

廟會

迎神諸姓各相誇。互詡吾能勝別家。鑼鼓喧天聲振耳，漫山遍野了無涯。

鳴炮

賽會猶如武啓戎。聲聲巨炮警頑聾。衝鋒突陣憑青壯，虎嘯自能起谷風。

擎旗

丈八旌旗取道行。隨風偃仰掌中擎。若非雙臂千鈞在，曷令嗚聾響應聲。

奪路

四路尊神迤邐臨。爭橋取道赴瓊林。陳包薛李風雷動，欲奪頭籌共此心。

巡遊

尊神十路漫巡遊。閨秀親臨半掩羞。往日農村堪樂者，蚌精漁隱旱行舟。

早朝

秋風送爽感寒涼。破曉還宜倍著裝。爲禱年年風雨順，煙雲縹緲滿爐香。

夜奏

營盤燈火照通明。達旦笙歌頌太平。斗轉星移開世界，吾民還樂譜新聲。

看戲

童年觀劇戲秋胡。擾擾人群起異圖。幸得先君獅子吼，鄉親方免折雙趺。

折桂

飄香桂子漫千家。迎風搖曳影欹斜。只是當時年紀小，難從人海識簪花。

歡聚

桃江清瀏聚游人，士女殷盈謔語親。芍藥相貽成子願，桃花原綴滿園春。

游村

往昔游村竹馬童。今來雙鬢雪霜豐。王龍廟會重開日，眞欲歸來萬里風。

次韻答金伯檢寄桃江竹枝詞有感

竹枝十二豈嫌多。首首鄉情客裡哦。往事如煙傷不再，光風似鏡待重磨。未知斗轉星移日，可許迎神賽會歌。遠寄篇章詩意好，吟來相答看云何。

辛未之秋余遊美國間道加州訪伯安於蒙城盤桓兩日伯安治席以詩酒酣耳熱相談歡甚別後返臺俄而詩至因次其韻奉答

去國十年身自在，優遊藝事樂丹青。相逢異域留三宿，卻喜同窗有管寧，魯叟乘桴傷世道，陶公寄酒樹芳型。幾時攜手神州去，綠水連山更作萍。

觀戰

中華民國八十年。今歲方始行民權。天之視聽自民來，民之福祉天相憐。威權政體今瓦解，存亡絕續民爲先。民爲邦本古訓在，本固邦寧誰能蠲。臺獨政團頻造勢，自信能代民心絃。四十載來勤奮鬥，始臻富裕與安全。野心政客頻蠱惑，欲民破國與翻天。安定方能有繁榮，其中道理非新鮮。君不見克羅西亞、菲律賓，擾擾攘攘相綿延。政爭不已百業廢，血流成河民熬煎。吾民眼睛眞雪亮，豈能迷惑狂夫言。每票俱有是非在，狂夫終爲民棄捐。我聞此訊喜欲狂，喜極而泣涕漣漣。

金伯叔合讀兩家先世吟和之作感賦相寄

因次韻奉答

阮籍阮咸稱叔姪，於今兩代尚題紅。來詩款款多新意，去思綿綿仰舊風。橋梓情懷難自外，治弓技藝欲閎中。騷歌雅韻傳消息，倩寄吟箋北向鴻。

附．陳金伯恭讀前賢家定湛先生步韻奉和先君憶故園七律一首百感叢生敬賦一章藉陳瓣香用原韻

季秋暮靄入簾櫳。晚景猶憐夕照紅。每憶先君思養育，緬懷父摯仰長風。幾番垂教書函裡，重讀遺詩悲痛中。二老騷情多感慨，泉台仍自望歸鴻。

金伯讀余把酒詩寄贈一絕謹步韻奉答

詩成酒國話風流。惹得騷人遠唱酬。每詠竹林賢叔姪，豪情

雅韻足千秋。

附・陳金伯奉讀把酒三十首感慨系之爰賦一絕遠寄新雄

遙申敬意

如君文彩足風流。愧我才疏難唱酬。把酒欣吟邀月飲，新評韻史越千秋。

奉和燕孫教授相贈口占一絕原玉

仰望光風幾許秋。眞儒事業久神遊。他年捧手濂溪日，定上玄亭問字樓。

附・周祖謨口占一絕錄呈伯元教授以博一粲

坡公遺蹟著千秋。江上風清正好遊。更羨先生多逸興，岳陽黃鶴兩登樓。

酒花

酒中泡沫稱酒花。辨酒眞假非浮誇。吾友雨盦飲中聖，入眼難逃人咨嗟，嗚呼物小作用大，還須識者方無差。良驥倘未遇伯樂，鹽車永馭過山窪。卧龍先生耕壟畝，不遇先主埋荒遐。飲酒卅年得眞詣，一篇吟成拜君嘉。

猴年新歲

陰陽迭代到靈猴。歲序翻新不少留。請看拖紳衣幘族，盡多擲瓦摘枝儔。山中跳躍緣高木，廟裡喧嘩類市疇。暮四朝三誰可御，狙公含笑有佳謀。

仲寶萱堂壽筵席上作

仲寶萱堂近百齡。開張盛宴款來賓。妻賢子孝融融樂，室暖人和苒苒春。論道縱橫身不忝，放言慷慨意先申。羡君菽水承歡久，俯念慈親一愴神。

贈明修

小喜齋中歲月悠。琢磨桃凍越前修。培根自究六書始，極變還推八體遒。鳥篆離離欣揚韻，螭文炳炳足忘憂。謝君屢惠囊含寶，敢賦新篇一獻酬。

聞和煜叔祖病篤

海外傳來霹靂聲。應爲福體病非輕。他鄉萬里難相見，默禱安康續舊情。

題李祖昇山水有清音圖

草堂春睡足，釣叟隱磻溪。山水清音在，高低自不齊。

海峽兩岸文化統合學術會議席上賦贈與會諸君

臺員飛萬里，京國始來遊。往昔勞牽夢，今朝盡入眸。山河餘舊淚，冠蓋已新周。兩岸同心日，歡聲處處留。

奉答古屋昭弘教授再疊遊留韻

喜有扶桑客，同來京國遊。分聲如反舌，辨字出明眸。叙志詩情轉，投書筆意周。迢迢千萬里，論學或相留。

泛海夜遊登州古市蓬萊閣

東坡五日文登守，留下千秋不朽名。萬里飛來瞻往蹟，千尋攀越闢新程。剎時海水分黃渤，一葉扁舟豁性情。江夏黃童無意緒，賦詩悵恨見眞誠。

王部長禮讚

謀道從來不計身。鐵頭鋼砲兩嶙峋，盈廷盡是希顏客，舉國誰如直士珍。請看鮮花堆錦繡，方知公義尚精神。鏗鏘拄杖應無懼，莫負中朝第一人。

猴戲

猴兒把戲千百端。變化多方群爭觀。莫道沐猴正衣冠。居然妝扮如人般。登堂揖讓非等閒。搢紳抱笏還排班。弄姿作態掏肺肝。逗人歡笑圍團團。全場演罷無遮攔。人猴相似何相關。

夜雨

微風拂檻透初涼。入夜沈沈寂靜堂。忽震雷霆驚遠近，旋聞淅瀝響低昂。懸知蘭蕙驚秋雨，應引葳蕤播暗香，晨起覽觀樓上卉，定將煥發易新妝。

酬答靖華教授

霜髭雪鬢道同光。邂逅相歡笑語揚。滄海何曾斷地脈，神州眞欲破天荒。詩投珠玉晶盤轉，字走龍蛇墨跡香。爲愛東坡成莫逆，高山流水有餘芳。

次韻奉答戎庵小七古一篇

遂良楷法眞絕倫。筋骨來自歐陽詢。余今老矣無所用，日耽書字勞其神。君詩法眼殊難及，博觀窮源非常人。他年寫就和韻帖，願傳生徒筆下春。

附．羅尚伯元教授以歐法寫拙詞及題拙稿瘦硬通神答小七古一篇

虔州楷法疑罕倫。結體出自歐陽詢。右軍如龍北海象，書貴瘦硬方通神。師友風誼耿光燄，詞章樸學能幾人。昌黎二鳥妙語在，一鳴一和三千春。

余將有南鯤之行賦此以貽貴榮仁弟

相識光陰近廿年。南來正好賦詩篇。黌宮對講欣多士，舊雨

重逢信宿緣。論學宜融今與古，傳薪不絕後承先。吾曹共負興亡責，胸膽開張喜並肩。

鄉賢嚴子君先生逝世周年

藹藹嚴夫子，清源自貢章。論音羞重濁，辨字析微芒。海外聲名遠，神州德業昌。漢陽初拜謁，旋夢泣嵩邙。

次韻奉呈和煜叔祖

春來百鳥囀新聲。展翅高飛體更輕。胡馬嘶風還塞北，南枝棲處總關情。

觀海

茫茫無際水連天。浪湧波翻不測淵。萬斛龍驤隨意駛，一叢魚藻傍崖牽。浮潛自在逍遙極，小大相兼動靜姸。總爲能容方長物，朝宗有道理非玄。

品茗四首

避世惟宜茗飲，無朋談訴淒然。衆士群相汲汲，高人遠引翩翩。

夜來一盞濃茶。高聲朗讀懷沙。思量今古相得，何若東陵種瓜。

孔明高卧隆中。魚水歡留古風。今世營營無極，全然忘卻阿童。

歲月依然歎逝，無眠今夜何尤。孤芳自難長葆，何苦嘵嘵不休。

有懷雨龕

不見雨龕久，鄙吝時萌生。香城勞相憶，新羅長遠征。詩成珠玉轉，筆落龍蛇驚。樽酒斟酌日，我欲細細傾。

吳伯母期頤嵩慶

福慧雙修已百年。阿婆眞是大羅仙。曾經火宅身無折，晚到瀛洲歲更姸。有子能行純孝道，娛親重寫老萊篇。滿堂賀客齊稱壽，閬苑花開日麗天。

蘄春謁季剛先生墓步黃建中教授原玉

同門濟濟盡堂堂。枝葉繁昌共溯黃。江夏會中才奮發，蘄春道上氣昂揚。傳薪不絕先垂後，述學應論短與長。萬里飛來情意永，虔誠拜倒祖師旁。

海峽兩岸黃侃學術討論會在武昌舉行施向東教授賦詩相贈依韻奉答

香海議初成，喜君欲與會。繁縟阻多士，未見此英萃。漢陽論音韻，兩岸人才蔚。高山流水曲，難盡期來歲。威海喜重逢，歡言相晤對。臨風如玉樹，溫文含智慧。江夏三見面，吟詩我心醉。別時無限意，期君超群輩。

附·施向東癸酉夏武昌盛會研討黃季剛先生學術余幸與焉陳師伯元李添富孔仲溫二兄蒞會十二日治平汪平二兄導遊楚城漢上琴臺歸元禪寺余叨陪在側賦此以紀呈陳伯元師刪正

漢學慕宗師，武昌與高會。滔滔讜論辨，濟濟宿秀萃。道德清芬揚，學術雲霞蔚。嗟余鈍駑質，蹉跎己壯歲。師友來海東，論議喜晤對。琴臺訪古蹟，禪寺尋覺慧。萬里許知音，一盃敢辭醉。自當尤精進，庶不愧儕輩。

海峽兩岸黃侃學術研討會靖嘉教授未能與會賦詩相贈情意可感因和原韻二首

同門相會說章黃。雋語如珠意氣揚。追憶香城聚首日，于姑未見悵難當。

轉語書成喜色黃。東原絕學賴傳揚。尋根究柢眞源出，正統無慚自可當。

大小三峽行

早歲懷幽賞，今茲得縱觀。渝都下行舟，淸風送曉寒。夔門天下險，滾滾翻濤瀾。赤甲與白鹽，巉巖斧斤刊。晶瑩若霜雪，炳耀生流丹。灩澦堆不見，崚嶒遣誰看。亦經涪陵埠，四賢留衣冠。涪翁詩名在，吐屬如彈丸。忽到酆都城，人間陰世闤。黑白兩無常，生死二判官。閻羅無情面，高高坐金鑾。奈何橋一過，又到鬼門關。爲惡煉百刑，爲善心自寬。鬼國多豔舞，彩服何斑斕。富而不好禮，死後眞艱難。欲了

還難了，愼莫爲惡端。此行留遺憾，身未到陽山。未到有何
恨，蘇祠未盤桓。他年再遊時，定欲力躋攀。折向大寧河。
群峰石盤陀。龍門橋在望，險灘過銀窩。靈芝山獨秀，熊貓
洞映波。琵琶洲一轉，烏龜灘上馱。猴子撈水月，駿馬歸山
坡。虎出龍相陪。觀音坐蓮臺。懸棺誰架構，萬仞費疑猜。
水簾垂流蘇，疊翠露染苔。摩崖多佛像，天泉飛雨來。滴翠
多奇景，一一難徘徊。巫山十二峰。峰峰氣象崇。襄王會神
女，快哉神相通。朝雲成暮雨，變化千萬重。孔李通家好，
卻喜隨我蹤。颯颯涼風至，悠悠盪我胸。生徒如二子，今來
豈易逢。暮春閏三月，重續舞雩風。鼓浪復前行。中堡島相
迎。截江成大壩，江水自然平。長江三峽險，從此沒無名。
讀書餘往事，難移有故情。奇峰映泓澂。古廟見黃陵。上有

千丈崖，黃牛落圖騰。三朝三暮在，今後事難憑。江山日摧頹，哀哉誰復矜。葛洲大壩臨。竹節峽灘沈。汪洋餘一片，下有千丈深。開門船出閘，標落近百尋。發電千億瓦，儲水作甘霖。爲福人所欲，願禍莫相侵。思量千百端，低頭一沈吟。

蘄春謁黃季剛先生墓放歌

江夏黃侃學術研討會，會畢蘄春走一遭。驅車直駛渡江去，江風颯颯浪湧濤。路過黃州東坡下，遊人個個意興豪。二賦堂前高聲詠，前後赤壁曲彌高。再經浠水到蘄春，人頭洶湧相迎勞。縣民成列咸揮手，高喊歡迎齊呼號。平生未見此陣仗，今來卻也濫相叨。最是赧顏無可卻，當堂對衆胡揮毫。歡迎旣畢謁墓去，當年國葬蒙榮褒。十年浩劫無傷損，眞儒神護眞堅牢。我到墓前身拜倒，情眞意摯來迢迢。師門絕學願承當，此心此志衝雲霄。禱罷似聽天際響，嘉汝能將聲韻調。歸去善敎汝子弟，潛心向學離塵囂。乙亥當年君棄養，我生似爲傳芳標。今當黽勉勵初志，師說到處隨風飄。蘄春瑞安到古虔，音聲絕學傳揚當令不損一毫毛。

感時

心志今痲木，眞無可感時。縱橫捭闔慣，仁義信誠離。獨臂邦家運，全由戚黨私。悠悠天宇下，遊子去何之。

次韻奉和金伯叔台退休歸里

退職吟詩先世和，榮休到汝覺匆匆。少時贛邑同窗友，老客臺灣落絮風。羨爾歸鄉能歇腳，憐余羈旅尙飛鴻。他年四海承平日，攜手高歌與子同。

石家莊詩經國際學術研討會用王彤韻

乾坤事業始雎鳩。勝地良朋聚九洲。文學源頭數風雅，百花開處識清幽。萋萋采采群爭秀，洩洩融融衆競啾。應是雞鳴終不已，吾華詩苑足千秋。

附·王彤賀詩經國際學術會議

騷人誰不愛雎鳩。三百國風傳五洲。學子吟詩心悟性，良朋對賦意尋幽。滹沱水秀芙蓉美，嶂石山雄布谷啾。燕趙一樽迎貴客，群賢開筆寫春秋。

附·黃坤堯奉和伯元師石家莊詩經研討會原韻

翱翔涵詠樂河鳩。比興宏揚化九州。大雅寢微天意酷，二南重振海雲幽。平原茫渺田疇綠，高樹清芬鸞鳳啾。仰止河間尋古趣，石門詩會已涼秋。

附・文幸福賀詩經國際學術會議召開用王彤韻

樂哉鐘鼓頌關鳩。窈窕風流遍九州。相誘相呼鹿鳴宴，同聲同氣候人幽。他山借石磋磨秀，此水寒泉浸潤啾。趙市初筵賓盡意，蓬萊何日一尊秋。

附・張夢機伯元惠詩卽次其韻

諸峰雨了又晴鳩。記踏燕雲十六州。紅葉尚饒秋壑美，黃花稍補小廬幽。哀時日落風何勁，恨別心驚鳥自啾。欲問五千年往事，大河猶是帝堯秋。

謝夢機和詩再次原韻

獨處飛懷自有鳩。君家故事出西州。深情今見情能豁，循理眞知理達幽。三百篇詩詩蕩蕩，一番好語語啾啾。金鉤可寶艱難去，梓版光含萬里秋。

吾華文化五千年。歷盡倉桑尚屹然。我輩晉祠相會後，還期他日發新妍。

北嶽行

去年到東嶽，今歲北嶽行。迢迢萬餘里，全由故國情。朝發石家莊，夕宿太原城。寢席未暇暖，匆匆又北征。大同已塞外，風貌自異形。高粱雜玉米，葵花向日傾。黃土高原上，蕭蕭白楊生。間有垂絲柳，喜客搖枝迎。當年日炎炎，晨晚氣涼清。鎮北有大山，名爲常或恒。五嶽中最峻，勢欲與天平。攜妻與幼女，曉發天未明。驅車抵山麓，囂如鼎沸聲。牽騾與馬驢，來攬登山程。嗟哉彼騾馬，舉步亦淩兢。終躋大字山，恒宗廟前横。本當臨絕頂，一覽翠峰屏。無乃路艱險，攀登力難勝。昔聞多松柏，今則禿猙獰。下有峽山湖，樹影入清澂。偉哉古建築，懸空有寺廷。依崖修廟宇，香火亦相縈。悠悠禹甸中，神蹟眞難名。遊罷心激盪，久久難安寧。我欲向天問，何時山復青。蒼松雜翠柏，時聞百鳥鳴。苟能重復舊，不辭路再經。他年鼓餘勇，結伴更躋登。

臺山雜詠十六首用元遺山韻

今上臺山有夙緣。登臨一詠寫詩篇。神州萬里風光好，白日浮雲淡野川。

車行如蟻感山高。獨秀臺山似巨鰲。直上太行千萬里，俯聽谷底狂風號。

五嶽之中北嶽雄。太行尤可見天功。臺山頂上高千仞，只許憑遊在夢中。

我到臺城一掃霾。繁花錦繡向人開。佛門四大名山地，可喜今生作客來。

我訪南山暮靄中。石階上盡碧深重。寺套寺時無去處，轉身人在妙高峰。

塔院寺中白塔基。五臺標幟莫生疑。遊人只作尋常地，到此眞堪詠黍離。

菩薩峰頭魏帝家。琉璃黃瓦映紅霞。臺階百八人爭上，欲看青蓮佛鉢花。

羅睺寺裡滿香煙。唐石雕獅置路偏。獻佛開花奇景在，壇中隱現有金蓮。

黛螺頂上現祥雲。騎馬登臨自在身。一上山頭參禮畢，聊當朝拜五臺人。

五臺原本是臺城。昔讀遺山詩未明。今日親臨叢廟裡，方知萬里路雲平。

松濤柏海向雲開。今日登臨袖滿埃。鬱鬱蒼松何處去，魔頭一念大災來。

嶺頭到處滿梯田。燕麥青青種萬千。可歎農家勤播種，收成應靠赤松仙。

佛光寺廟美檐牙。瑰寶尤多壁上花。可惜無緣慳一面，歸來難得向人誇。

行人稀少在山阿。廟裡青松有古柯。斤斧未加眞不易，童山濯濯復云何。

路過忻州未有緣。遺山暮在遠如天。同行竟少知音在，忘卻詩人在大千。

語言文化本相關。求證方來佛廟間。借韻前賢詩十六，悟心猶待禮遺山。

次韻奉答王小華教授

拜讀瓊箋興味長。能張家學喜承芳。蘄春老碩隨師表，了一先生熱我腸。論學何分新與舊，傳薪應合趙同章①。幷州相見情懷好，和罷來詩意氣揚。

附・王小莘奉和新雄先生②

盛會逢君受益長。襟懷學問仰芬芳。尊賢重道誠師表，覓柢尋根實熱腸。三晉漸承厥修語③，五臺愧贈缺桐章。溝通兩岸垂風範，華夏文明協力揚。

有懷夢機

每念詩詞初發軔，吾兄鼓勵著奇功。山居歲月多閒暇，振筆當尋往日風。

讀龔生言感賦④

聲音訓詁雁成行。在昔東坡有義方。抄罷唐書貧暴富⑤，研明切韻藻流芳⑥。莫云才賦由天限，應識功夫逐日強。人一能時我千百，雞鳴不已自難量。

說夢

驅羊綺夢舊連床。厚貌深情漸暴光。人老簪花欣自賞，不知是臭抑仍香。

苦旱

北宋神宗熙寧八九十三年。京東萬頃蝗旱耕無田。前清乾隆乙巳丙午間。山左數百里赤地不毛無人煙。朝中蝨賊貪黷操大權。乃有旱象相連綿。彼天視聽緣吾民，因垂乾旱示災愆。君不見熙寧之災惠卿竊柄爲因緣。乾隆巳午亦由和珅蠹國民相煎。人事不修貪黷無厭天垂象，數千年來君相相傳莫不然。今來不雨已半載，閣揆聲望民意調查常偏低。元戎輔相不省思，反令地方官長綵衣道袍求神仙。濫伐濫墾無已時，蕩滌草木山童顛。水土如何可涵養，事事如此而求不早眞無天。

歲暮懷仲麐師

孺慕師門仰仲翁。重洋阻絕思難窮。持杯每憶金樽滿，振筆如聞笑語融。海上樓臺猶歷歷，眼中煙雨漸濛濛。長懷几席追陪日，不覺吟詩氣吐虹。

讀史

王莽無才亦無德。虛僞手段善雕飾。盜位之後還盜國。倒行逆施眞亂賊。今有人焉以爲則。謙恭俯伏強人側。一朝名器經詐得。畢露原形現本色。

次韻慶煌弟龜山朝日二首

靈蟲自古說龜龍。命化無窮更守宗。東海自饒鱗介物，波濤洶湧白雲封。

臺瀛已在海之東。朝日迎春滿翠紅。霞蔚雲蒸仙境在，江山勝地有天工。

註① 趙謂了一先生業師趙元任，章指黃侃業師章炳麟。

註② 原注：一九九三年八月，太原國際漢語言文化研討會上，臺灣著名學者陳新雄教授並尊先祖王力（字了一）與黃侃先生爲太老師，力主祛門户之見，融兩家之長。會後同遊五臺山，又步東坡缺月挂疏桐詞相贈。卓識真情，感人至深，因不揣冒昧，和七律一首以酬。

註③ 原注：厥修源自《詩·大雅·文王》，指孫子繼續行祖之德業。

註④ 龔鵬程《文學散步》64頁云：「一個人可能很有學問，但無礙於他不懂文學。我曾見過一位聲韻學名家，用研究《廣韻》的方式去研讀東坡詩，先正襟危坐，以毛筆圈點蘇詩及注本，然後，歸納整理其用韻，分題分韻，用毛筆抄繕一遍，日日諷誦。所以，他認爲他對蘇詩極熟，偶爾詩興大發，又自詡做詩甚有蘇味。但一位長輩卻對我說：『天下什麼事不好做，他爲什麼偏要去做詩呢？』」龔鵬程於師大國文研究所從余受廣韻研究與古音研究，余並未自認對蘇詩極熟，亦未自詡作詩甚有蘇味，但研讀蘇詩，的確作過分韻類鈔之工夫，亦的確從抄寫中獲益不少。但不知爲何，我此一學生竟然對於我寫詩大爲反感，竟有欲禁余寫詩之慨。龔生若就余所寫之詩篇，評其優劣，則弟子不必不如師，余當虛心接受。今不此之圖，竟欲禁余吟詩，豈非《詩》所謂之『衆稚且狂』乎！今錄於此，願與天下後世共證之。

註⑤ 蘇東坡與〈與程秀才書〉云：「兒子到此，抄得《唐書》一部，又借得《前漢書》欲抄，若了此二書，便是窮兒暴富也。呵呵！老拙亦欲爲此，而目昏心疲，不能自苦，故樂以此告壯者。」

註⑥ 陸法言《切韻·序》：「今返初服，私訓諸弟子，凡有文藻，即須明聲韻。」

伯元吟草卷十三

（起民國八十三年元月至民國八十四年十二月止）

壽石禪師八秩晉七誕辰

憶從師苑接淸塵。化雨恩沾四十春。巧作安排歸老碩，幸隨趨步識精神。傳經早紹司農業，述學能存量守眞。一事懸知心最慰，滿園桃李盡欣欣。

春遊動物園

南郊動物園。春來走一番。車行眞不易，道滯難改轅。邊行邊停走，遲遲莫躋攀。本心欲解憂，誰知增憂煩。幾度欲離去，去亦畏行難。無奈重上路，庶幾尋眞歡。處處人擁擠，方知生者繁。遲迴一晌午，早令身疲殫。園門尙未進，已然遊興闌。欲知園中景，且敎夢中看。

六十初度

行年六十一沈吟。海外棲遲感不禁。白雪雖教春事已，貞松何懼歲寒侵。栽蘭育蕙盈庭祿，述學論文積紙深。自度毋須愁覆瓿，生徒相繼有知音。

奉酬林景之文惠和拙稿六十初度

一回展讀一長吟。青眼投來喜不禁。陋巷弗堪情自樂，孤燈獨對影相侵。雞鳴風雨心難靜，光誦珠璣意已深。論誼我應參北面，豈惟銘感得知音。

附·林景之頃讀陳新雄教授六十初度七律積學富期許深而情致雙美心竊慕之爰趁韻賦和病愈之慟只不免攀附之嫌耳其然乎

斗室篝燈伴苦吟。身衰心老兩難禁。終風失德摧花甚，暴雨無良帶冷侵。攀柏分荊徒史跡，投桃報李豈交深。相期能識琴中趣，不設弦徽有好音。

附·羅尚和伯元六十初度韻

君逢花甲我歌吟。社集稱觴樂不禁。白雪聲高難屬和，青雲步穩莫能侵。專精小學疑無對，寄興詞章積習深。人傑地靈千載上，虔州山水有清音。

附·杜松柏敬步伯元六十初度原玉

初度攬揆白雪吟。如流日月逝難禁。河山不異餘哀切，齒髮同衰漸老侵。雅社吟旗高在望，書齋手澤意何深。添籌自有三千子，黃絹先馳美祝音。

附·黃坤堯奉賀伯元夫子六秩壽慶敬步原玉

耳順從心付朗吟。春回花甲喜難禁。文章得失千古事，歌酒無端百感侵。世道行遊天地闊，詩情涵釀海雲深。江湖風雪添佳興，一葉扁舟琴瑟音。

附．陳文華恭壽伯元夫子六秩嵩慶敬步原玉

重周花甲發高吟。獻壽稱觴喜不禁。明鏡如心垢安在，高懷似月物難侵。乾嘉一脈功夫厚，桃李三千雨露深。喜沐春風今廿載，愧無高詠繼清音。

附．文幸福恭壽伯元夫子六十並步原韻

九霄鳴鶴仰高吟。令德淵深冰雪襟。論道每從穌雨潤，談經如坐暖風侵。鎔裁博雅風流闊，吹衆群英造化深。閬苑奉回新甲子，桃觴稱頌聽徽音。

附．陳慶煌伯元師示六十大壽瑤章敬次以賀

元龍周甲樂高吟。杯酒詩成力所禁。佳勝應同南嶽好，康強不受二毛侵。達材有道精而博，論學多方密且深。桃李滿園春正放，欣將木鐸振徽音。

附·伏嘉謨新雄教授六十初度賦賀并次瑶韻

甲子平頭發浩吟。卅年旅泊感難禁。雪花筆舞江花妙，謔浪風生海浪侵。昔悼母聯蒙卓賞，人欽師道獨傳深。卿雲一抹春風座，好鳥枝頭報好音。

附·陳金伯酬和新雄賢姪六十初度原玉

羡君詩酒樂行吟。花甲人生喜不禁。倜儻風流稱雅望，清和教化絕塵侵。桃榮李茂崢嶸秀，立説成書著述深。海屋添籌增壽考，巴歌萬里寄鄉音。

附·王仲翊和伯元師六十初度

奉和陳公賦自吟。心中畏敬亦難禁。吾師健泰鵬程遠，瘴海淹遲歲月侵。杖石鏗鏘聲響徹，貞松挺直本根深。春來化雨成桃李，願借和風頌好音。

附・黃靜吟和伯元師六十初度

天縱神聰繼苦吟。儒宗學識總難禁。翔龍豈懼泥塵掩，勁節何愁歲月侵。呵筆撢經窮旨遠，擘箋酌雅立言深。椿齡喜有知心繼，絳帳春風遍德音。

附・楊英姿和伯元師六十初度

榮辱窮通莫獨吟。炎涼定數孰能禁。圓融化境難臻覓，荏苒流年卻逼侵。桃李滿園情足慰，芬芳盈袖意何深。百年大計橫身攬，庭樹蕃滋報德音。

附・劉俊廷和伯元師六十初度

潮去潮來碧海吟。天高況敎志難禁。蓴鱸只解思鄉病，新語自能辟害侵。繚繞秋樓風細細，徘徊晚月夜深深。良辰乘興雖無酒，亦醉濤聲報好音。

附·郭秋顯和伯元師六十初度

三十無成自苦吟。風塵坎坷感難禁。貞松勁立淩霜茂，蒲柳輕搖懼雪侵。秋水東坡延智廣，南華漆園補愚深。自憐西子轉飄泊，幸仰高山木鐸音。

附·楊素姿和伯元師六十初度

自愛坡公曳杖吟。博聞六秩朗胸襟。雄圖豈讓英聲斷，壯志何憂撮土侵。化雨春風含意重，盈庭蒼竹植根深。今宵幸甚居門下，且和絃琴續此音。

附·陳梅香和伯元師六十初度

立雪程門一放吟。淵深冰薄感寒禁。文章自與齋名滿，磊落何容腐鼠侵。桃李爭榮春色暖，蕙蘭同綠繹經深。宗師典範藏眉宇，木鐸聲揚播遠音。

附·田作君和伯元師六十初度

朗誦先生六十吟。盈庭桃李樂難禁。諄諄述教群爭聘，挺挺貞風孰敢侵。學博眞知潛力久，才高乃是用功深。能詩兼究蟲魚業，柱杖東坡得賞音。

附·丁慧娟和伯元師六十初度

周甲歡辰且醉吟。飛觴賀壽意難禁。高山景行人咸慕，湖海胸懷衆莫侵。喜沐春風南島上，欣聞道語北樓深。辛勤積學成嘉業，弟子傳承播雅音。

附·汪中壽伯元兄六十

酒邊風義鬱孤生。學術西江有重名。經訓山成翠浪湧，詩篇水匯玉虹清。春風花發皆添壽，茶雨松脂好析酲。縞紵裁冰傳幼婦，相看擲地作金聲。

附・羅尚伯元花甲之慶

昔年鬱孤生，今日鬱孤叟。騏驥奮蹴踏，世路未覺陡。花甲老未老，百事正抖擻。作詩成百篇，才飲酒一斗。發興呼紫毫，銀海蛟龍走。平生得意事，四海結朋友。別墅馬里蘭，宅邊五株柳。仙籍弟六人，有爲亦有守。知坡莫若君，塡詞射雕手。壽君借坡詞，但願人長久。

附・王熙元壽伯元六十

人間美事是佳辰。畏友今逢六十春。論學杏壇聲早著，銘文竹簡價稀珍。乾嘉一脈淳風在，桃李三千化雨新。意氣淩雲詩筆健，清歡樂飲莫辭頻。

附．陳滿銘賀伯元六十

甲子慶又始，添鬚傲流光。不必養於國，豈須杖於鄉。闢徑譽遐邇，聲韻因發皇。坡公契久矣，適性有杜康。欣此平順去，歲月莊椿長。

附．沈秋雄伯元夫子六十嵩慶獻辭

先生天下望，薪火接蘄春。傳道尊聞見，審音析齒脣。名山藏鉅業，餘事作詩人。欣值辰初度，奉觴邀一嚬。

附．向光忠壽伯元教授

潛心深奧詣高堂。學苑英華令譽揚。著作齊身傳四極，李桃爭豔並三張。京師幸識夷洲會，晉館研摩佛界觴。爐火純青慶華誕，壽山福海映昌光。

附．王仲翊師門頌

人生最好詩前酒，酒後薪傳亘古今。碩學精通馳萬里，春風化育有知音。

次韻答仲翁師

早歲披書萬卷吞。晚將詩律作寒暄。讀公長句明深意，報友心期返國門。永盼酬恩珠有淚，卻傷當世月常昏。蒼天憒憒眞無奈，知己何須痛斷魂。

附・華師仲麐留別伯元兼簡文起松雄諸子

萬轉千迴氣已吞。強顏無語及寒暄。三春亢志歸遊子，九死寧甘離國門。回溯往情餘暗省，坐看山色送黃昏。堂堂我已衰年逼，訴向才高爲斷魂。

讀伏嘉老詠蝴蝶蘭

八日始讀詩，九日而和韻。朗朗百餘言，積學何待問。吾性不喜鬧，蒔花以解悶。寒冬十二月，群芳無足論。國蘭來報歲，幽香時一噴。洋蘭嘉德麗，花心起紫暈。東亞號巨株，葩開姿亦笨。春去夏方臻，蝴蝶花開售。招惹老詩丈，彩筆乘時奮。嘉老伏轅姿，不爲狂花溷。聯語稱國手，詩句何能困。昂然寰宇內，鴻儒椽筆運。

追思旨雲師

百歲光陰已莫攀。仁恩一念有餘潸。春風化雨情猶在，絳帳歌詩景又還。尙幸遺骸歸故國，卻留哀思滿臺灣。每懷玉樹長埋日，遙望西州滴淚斑。

清明

年年到清明，此心分外冷。掃墓除荒草，出語多悲哽。常悔生時節，恨未多晨省。如今雖哀戚，亦難見親影。祭品雖豐厚，無奈莫來領。寄語後生人，緊握眼前景。切莫似我輩，親逝方悟憬。欲追昔時歡，已非當時境。思養親不待，哀哉風難靜。

喜昭明榮獲文學博士詩以勉之

壇坫殷勤已十春。喜君博識可知津。驊騮得路期千里，鷹隼騰雲絕俗塵。兒女所傳惟骨肉，生徒相繼乃精神。鏗然曳杖聲聲響，謀道從來不計身。

賀甲元先生七十敬步瑤韻

一襲錦囊關山越。人似青松伴江月。我雖無緣得識荊，何似藩臣戀魏闕。聞道從心趨聖域。揮毫祝壽清興發。巍巍高山水洋洋，千里題詩賀仙骨。

留別中山大學中文研究所諸生

一年壇坫意如何。弟子殷勤笑語多。解字精詳推叔重，吟詩安雅喜東坡。傳薪應許添新火，述學還須脫舊窠。臨別贈言煩記取，揚鞭奮進莫蹉跎。

香港大學第一屆左傳國際學術會議歡筵席上口占一絕

香江明月夜，學術已同流。左氏春秋在，是非應不愁。

檀香山紀遊

人生樂事吾能說，鵬翼飛天一萬重。港號珍珠原耳熟，誰知此日始相逢。

珍珠港紀遊

艨艟巨艦港中沈。舊恨誰能任寇侵。博物館中皆國恥，邦人刻骨又銘心。

茂宜島謁國父致公堂

英才天縱下凡來。一掃專權霽色開。首創東方民主國，茂宜往跡久徘徊。

夏威夷活火山

熱點叢攢大海中。口噴活火撼蒼穹。熔漿不斷雲煙繞，化作甘霖草木豐。

蘭花島在海中央。一片青蔥育異芳。我自投緣攜兩缽，朝夕賞興昂揚。

火奴魯魯威基基海灘

海灘一片白沙灣。中外遊人共往還。修短纖穠情百態，青春不覺已衰顏。

銀泉樂敘天倫

大兒厚意邀餐飲，次子捎來席夢床。二女嬌癡依膝下，老妻相看已眉揚。

海外聞吳伯雄退選臺灣省長

此日雄豪孰比吳。竟然退選足長吁。元戎眼底人惟宋，盡報當年擁戴謨。

聞黃大洲出選臺北市長

元戎早已胸成竹，市長當然黃大洲。縱使治功無足道，也應思舊把恩酬。

民進今推陳水扁，少康新黨勢恢張。大洲鼎立成三國，須得民心始可昌。

駕車失控

六旬方駕四輪車。亦可通街到處爬。總覺年齡漸老大，操持反應頗相差。

海外聞臺北街頭暴動

自由民主人皆願，無法無天實可哀。欲得安居何處是，棲遲海外感徘徊。

初擊高爾夫球

白白圓圓高爾夫。臺灣盡是富人趨。今朝我亦能揮桿，擊起圓球亦自娛。

維州威廉士堡金斯美休閒中心

休閒去處一中心。碧草如茵樹木深。游泳高球群樂地，健身自在喜躬臨。

參觀美國諾福克海軍基地

艨艟巨艦任參觀。諾福克城天地寬。強國自能無所畏，由人思己感千端。

八八父親節

銀泉團聚喜漫漫。膝下相承菽水歡。費盡思量出新意，好令老父把心寬。

贈迪行

相識橋中卌載經。當時衫賓兩青青。今來凝看頭雖白，諧謔依稀莫可停。

贈少傑

少年才氣冠當時。此日成名大律師。戴笠乘車相見日，班荊道故尚癡癡。

贈開明

少年欣喜識開明。此日重逢更有情。來歲趨庭陪鯉對，論詩學禮一稱名。

漢字文化圈生活漢字問題國際討論會口

占一絕呈與會諸公

聞聲異響見形同。三國同文意可通。此日相逢成共識，東風和暖勝西風。

成田機場坐待坤堯用坤堯韻

機場脈脈坐斜輝。始見從天降羽翬。不是歌詩常得趣，爭能令我陷重圍。

初抵日本講學贈律子女棣用坤堯韻

海外傳經苜蓿香。盈樽醴酒我先嘗。几筵相待修隆禮，對汝沈吟意興長。

贈古屋昭弘先生二首

昔從威海接清塵。疏淡含精玉色勻。惠和詩篇寄千里，至今猶記禮彬彬。

東瀛今又過君門。此日重逢夙誼敦。伐木嚶鳴求共賞，兩番相與有思存。

鎌倉大佛

鎌倉大佛如相識，彰化原來自有因。元祖三重皆舊殖，臺灣還有幾何身。

遊富士山

傳聞富士景千端。待我來時霧一團。嵦嵦山頭今不見，彎彎道路亦非寬。車行蟻步千林薄，身在高風丹葉寒。人簇塗崖風滿袖，茲遊奇絕未成歡。

有懷夢機

停雲詩社創基人。舌吐心花筆有神。論學已傳千里緒，按情難寫一家春。楓林起興同工部，寒夜煎茶笑伯倫。憶昔和吟三往復，無休還望續前因。

答夢機再用前韻

詩國君應第一人。讀書萬卷早通神。寒冰砭骨終成幻，四野飛花已漸春。風雅獨耽今有意，蒼涼高唱更無倫。姿容百態徒雕像，自古靈山重結因。

附・張夢機次韻贈伯元

知君原是讀書人。可有吟哦感鬼神。聲韻功深精小學，詩文囊滿貯繁春。好奇已習黃山谷，尚儉猶卑石季倫。經貿於今支國脈，獨耽風雅爾何因。

秋興

秋雲鬱鬱秋風蕩。葉落辭根身何仗。栖栖遑遑欲何依，臺灣獨立聲漸響。神州已是遍豺狼，寶島今且來蛇蟒。我思義不食周粟，天下雖廣將安仰。推原何以致此極，主舵不穩令惝恍。措施乖張人心亂，舉枉措直直者枉，內鬥紛紛無已時，是非黑白盡惝慌。金馬撤軍門洞開，脣亡齒寒何可想。秋雨凄凄秋水生，湯湯浩浩波泱漭。何來大力挽天鈞，狂瀾推撫憑巨掌。

乙亥新年

歷盡滄桑八四年。中華民國感凄然。神州萬里先淪喪，寶島方隅亦寇煎。烈士英風今杳杳，鄙人讕語尚綿綿。蒼靈果若眞行道，應寫仁賢一統篇。

清流

濁世渾沌人已灰。曾見淸流滾滾來。千人萬人齊吶喊，無非家國今頹隤。八瓣菊花旗映目，日本皇家之標徽。最堪駭怪長戽斗，自稱冠前爲倭胎。我曾講學到東京，松山板橋名成堆。更有高雄與元祖，二重三重次第開。不在中華作主人，卻爲三島之奴才。捍衛中華民國聲，聲聲巨響轟天雷。不願奴顏事寇者，呼朋攜伴與君偕。公理正義在人間，一再而三相徘徊。喚醒國魂心不死，千秋萬載思深哉！

春半雜興

蘭英蕙萼久迎春。萬紫千紅卻引人。俗卉叢中蜂蝶鬧，誰將騷賦獻江濱。

濛濛細雨暗庭園。遠樹依稀不著邊。待到曉來風更惡，群芳紛亂落簷前。

蘭香杳豔滿城春。蝶舞蜂忙柳葉顰。可惜郊原好風景，蠻牛竄踏已紛紛。

春來百卉換新妝。萬朵齊開互競芳。蘭蕙如今人不愛，非時八瓣菊浮光。

星洲紀遊

聞說星洲好。不辭來遠道。入國情迴異，整潔以為嬈。嚴刑信重罰，邦人不為惱。生為斯邦人，榮名喜自保。言語與我同，種亦來豐鎬。施政差別大，官員潔顥顥。道路雖非多，交通暢無撓。市闤多高樓，上有浮雲繞。空氣潔而新，抬頭星月皎。我坐鄭和號，遠渡至龜鳥。乘風破浪來，碧波淸且皦。即在無人處，空罐亦冥杳。方知此邦人，守法旌相表。既無三峽險，也乏故宮寶。四方遊客至，綿綿遠相紹。觀其治國政，所得已非少。我敬此島國，規模敢云小。歸來已兩月，影像猶裊裊。

仲麐師返臺相贈有詩辭中充滿忠義之氣核以今之世局讀後感慨萬端謹步原玉奉呈

誰勞行在破麻鞋。南宋君臣莫說來。佞幸盈朝令氣索，薰蕕同器早心灰。放翁遺意眞難已，屈子沈身實可哀，不爲及門諸子在，先生何苦久徘徊。

附·華師仲麐八十四年暮春三月余自美來臺，承松雄教授治酒相招，同席間有伯元詩家在座，自維老朽，又喜得與壇坫諸君子相逢，而再聚難期，感賦長句求政

麻鞋溯說奔行在，辛苦群中見子來。攬鬢撫今非昔綠，捫心不定是寒灰。龍吟風雨曾何謂，牛角河山大可哀，幸喜嘉儔

能重聚，樓欄杯酒共徘徊。

讀張以仁教授詩稿賦贈

知君問學久揚馨。今讀來章眼亦青。白雪原爲高格調，騷壇重見古英靈。湘濱道是詩人地，菀柳還因淨水瓶。已似酒杯分淺懦，且敲冰玉細聆聽。

讀金伯叔建橋手記感賦

黃沙淳樸地，人心實難量。造橋福桑梓，督工純幫忙。煜祖良建議，鏡叔允匡襄。謀之於昆季，二弟咸解囊。積資逾一萬，籌算方周詳。老叔添白髮，父母有榮光。原爲行好事，誰知事乖張。共產四十載，鄉人異胸膛。事事向錢看，道義今寒涼。可憐老叔台，平白增感傷。讀記知衷曲，無言可相將。寄汝錶一隻，聊表我寸腸。往事當銘刻，永記在心房。

一讀三歎息，老淚已沱滂。棄捐勿復道，共保身康強。他年虎頭城，或可話麻桑。鬱孤臺上坐，灑灑江風涼。卌年同窗友，贛中在何方。持樽聊叙舊，攜手一徜徉。

春霖校長訪臺詩以迎之

石景山前初見面，紫鵑城裡又重逢。當年詞曲方吟罷，此日詩情興更濃。

歡宴後追別春霖校長

臺北再相逢。酒濃情更濃。依依離別後，詩意又盤胸。

第四屆國際暨第十三屆中國聲韻學學術會議席上光忠教授有詩相贈賦此奉答

橫跨兩岸貼天行。鵬搏扶搖萬里程。文字相看繁與簡，聲音還辨重和輕。古今南北眞無隔，淸濁陰陽自可明。攜手同期肩道義，晴空朗月伴長庚。

附·向光忠教授贈詩

癸酉春宵跨海行。飛身赴會急兼程。熒熒萬盞輝天宇，燁燁繁星映地城。卓卓時賢薪檫熾，莘莘學子火花明。三皇胄嗣承傳統，兩岸文明並柢根。

鄭張尚芳教授賦詩相贈依韻奉答

長庚隨朗月，曉轉啓明星。別後吾能唱，陽關意外聲。

附·鄭張尚芳教授贈詩

乘槎浮海去，燁燁見群星。萬里神仙會，同研大漢聲。

八十四屆師大國四丁諸生從余習訓詁一載畢業在即詩以勉之

一年壇坫意歡欣。弟子隨從亦苦辛。文字相承倉頡造，語言猶許帝堯親。傳薪欲紹先賢業，繹義還期後學新。別後仍須同努力，容余老眼看嶙峋。

讀金伯叔來詩家鄉因淘金敗壞土田不勝感歎因次其韻一首

崆峒連屬盡崇岡。鬱鬱蔥蔥翠蓋張。綠水青山何處覓，秉權治國應思量。

壽雨盦學長七十

儒雅風流器宇寬。詩城酒國兩相歡，三千入室追先聖，七十吟歌主將壇。鐵畫銀鉤人競重，金章玉典世傳觀。堂前獻壽誠心服，學海濤翻百尺瀾。

行道樹

離離行道樹，鬱鬱多枝條。春來新芽生，嫩綠發新嬌。夏天豔陽烈，免曬行人焦。秋風勁掃後，黃葉微霜凋。冬至寒氣起，杈枒風蕭蕭。四時景不同，生理眞難消。週圍混凝土，雨水無由澆。根不到九重，逼仄層層撓。苦況曷能言，癢處無人搔。終宵呑廢氣，生長何能牢。鄰人猶不惜，枝幹加釘刀。奄奄餘一息，世惡漸欲拋。

壽吳匡教授八十

四海多人物，其誰似子諧。忘年歌伐木，接世識沖懷。善學眞無極，餘生豈有涯。今朝逢八十，樽酒聚朋儕。

第二屆詩經國際學術研討會呈夏傳老

石家莊裡初相識，北戴河邊喜再逢。述學人咸推子夏，傳經誰不識司農。九州髦士參幽冀，異域鴻儒自肅雍。絕業重光心久折，公揮大纛作先鋒。

才老歡宴席上與幸福弟聯句

才老實殷勤。頻頻舉酒樽陳。三巡眞有意文，兩岸已無痕。

詩傳承毛後陳，經研許漢尊。今宵來北戴文，猶見亦心存陳。

遊北京潭柘寺

潭柘開基久，相傳武后時。雙龍齊讓位，一佛始分祠。銀杏稱王樹，昏君隕茂枝。莫云人不識，自有鬼神知。

抗戰勝利五十週年時留北京感賦一律

蘆溝曉月鬥龍蛇。四億同胞各毀家。國共民青齊抗敵，東西南北走天涯。年齡不別青和老，血肉橫飛邇與遐。勝利於今猶一夢，貧窮依舊更咨嗟。

北京戒臺寺五名松

活動松

一葉動全身。老松奇且神。乾隆揮御筆，人世樂津津。

自在松

老松何自在，枝葉翠眉彎。放眼紅塵裡，世人幾個還。

卧龍松

千年古刹松。高卧戒臺峰。多少浮雲變，依然不動容。

九龍松

相傳生九幹，齊出此長松。枝葉各挑達，千年盡化龍。

抱塔松

此松名抱塔，護主見深情。千載殷勤意，修成老樹精。

五松詠後

五松姿各異，同歷千百年。知有多少人，費心相扶牽。僧尼今不見，誰來致禮虔。潔清非所問，修整自難全。古跡蒙塵垢，風物爲誰妍。再過千百載，是否尚依然。

戲贈培林兄十韻

余公遇呆子，機票飛上天。身留北京城，七竅已生煙。執政無能極，誰將百姓憐。將人視芻狗，雞鴨共一圈。火車擁且塞，那堪受熬煎。天視自民視，不信政罔顚。我輩赴大陸，純爲古國牽。如今蒙塵垢，到處髒綿延。如此而不亡，造物心眞偏。吾兄一笑置，等之老希然。

銀泉中秋

月上梢頭光皎潔，長柯掩映影聯娟。秋蟲唧唧喧庭外，稚女依依傍膝前。海外開基成氣象，心中慮始有因緣。人生難得尋眞樂，此日團圞意興妍。

讀王莽傳

方其未達且藏身。到處人皆望出塵。厚貌謙恭能下士，深情圓轉久迷宸。元成世代推心腹，炎漢朝廷變莽新。盜國何需王太后，高明手段妙無倫。

銀泉小休有懷戎庵

猶記三年寄彩箋。優遊海外意忻然。小休有幸依林下，大惑無由息仔肩。擾擾吾邦方哄鬧，悠悠異域竟聯翩。騷壇最感君風義，半夜吟詩引興牽。

慰愼迪行

憶昔橋中始發硎。當時衫鬢兩青青。銀泉偶遇情依舊，雙眼相看炯若星。問訊初驚斯疾煉，聞聲隨識吉人馨。停雲落月平生友，對酒還當一忘形。

寄王寧北京

燕趙歸來傳鯉信，殷殷致意說師門。章黃學術成雙絕，林陸生徒共一尊。不有之先人弗曉，莫爲其後道何存。還期攜手探珠玉，無耐應留頃刻痕。

讀一九九五閏八月

臺海風波猶未靖，莫將往事說荒唐。郡王父子前塵在，南宋君臣後景涼。今日姦邪遍朝野，一時文武盡猖狂。圖存首在思和濟，廟算眞應細考量。

楓林別館 有序

拙荆營別業於美東銀泉，屋宇雖小，而園林頗寬，四周古木參天，楓紅橡茂，橫柯蔽日，鳥語蟲鳴，不絕於耳。余愛其幽靜，宜於寫作，因取名爲楓林別館，而紀以詩云。

荆妻謀略實堪欽。襤褸成家智慮深。綠竹柴門眞不易，楓林別館且相尋。蟲鳴鳥語成幽境，作畫吟詩亦藝林。最是諸兒常繞膝，團圓骨肉意欣欣。

教師節有懷仲師美國

九日飛身到美東。思情無盡繞吾公。春城桃李三杯釃，故國情懷一笑同。庸主實難開慧眼，百僚唯識盡愚忠。看來在劫如南宋，直諫之言久已空。

遊美國有懷侯精一

竭來故國識群英。一見如君更有情。香海聞聲人未晤，燕京攜手酒同傾。胸懷應許開襟抱，言語相親亦弟兄。萬里長遊新大陸，秋高露氣得詩清。

哈佛之遊

哈佛橫跨查爾士，河邊兩岸是名園。紫藤滿眼長春號，碩學盈庭百業繁。到處相逢皆綠草，周圍未見有牆垣。胸懷蕩蕩無私意，知識何庸更閉門。

伯元吟草卷十四

（起民國八十五年元月至民國八十五年十二月止）

即事

戰歌響遍太平洋。選舉言詞欠考量。披葉尋根同柢本，掄賢繼位紹虞唐。李連彭謝看消長，林郝陳王互抑揚。民主聲名垂宇宙，隆隆巨砲向何方。

感時

邇近聞一事，難辨假與眞。元戎最淸楚，綁標圍標人。官員與民代，坐地將贓分。黑道諸英雄，氣焰衝霄塵。國家之建設，款去了無痕。眼看血汗錢，盡爲虎狼吞。工程品質低，安全無復存。如何執政者，知之而弗論。莫非亦同道，令民苦難申。言之色莫變，笑罵亦無聞。好官我自爲，人瞋我不瞋。

仲師自美寵錫長函賦此申謝

我師寵錫來遠方。洋洋灑灑紙五張。翩翩辭采情意永，如珠在手生光芒。更有一種弦外意，讀後直沁心脾芳。每年臺北春三月，相陪樽酒容侍旁。今歲未克見慈容，抑鬱盤胸緒茫茫。論詩四境難與易，淺深自得各勝場。昔我追隨林夫子，儼然威望眞軒昂。細把金針相度與，同師此論張維綱。東坡汝陰訪六一，此生三過平山堂。山色有無知己少，心中豈可忘歐陽。公與六一同襟抱，見人一得皆揄揚。提攜後進勤教誨，才德存心何敢忘。明春我欲西洲去，落山磯畔時徜徉。師生相見傾樽酒，縱然一醉又何妨。遠道綿綿思無盡，賦詩瑣屑不成章。情到深時難具說，一言一字皆衷腸。

鼠歲寄懷和甲元詞長韻

輪迴十二鼠重來。往事紛紜亂作堆。飛彈無虛掀湧浪，深仇竟欲自戕裁。脊原有難心同急，根豆相煎意豈恢。兩岸願能生大慧，相逢一笑泯時災。

恭挽鄉賢易所長大德

草嶺多秋雨，華岡起急風。公方膺首席，我始識詞雄。共有弦歌樂，同躋絳帳崇。詩壇推大雅，寶島樹奇功。勁直型常在，哀思感不窮。拊胸弔鄉長，雙眼久濛濛。

上巳分韻得虛字

今歲袄祥不絕書。共軍飛彈果無虛。脊原有難心同急，萁豆相煎意豈舒。曲水流觴傳韻事，鬩牆鬥力足長歔。昊天我欲高聲問，明月何時入我廬。

答桂林唐甲元詞長論統一

統一原由意願融。怎將蛇蟒說杯弓。隆隆飛彈無虛發，喋喋狂言豈苟同。先爲神州開勝境，更求民欲納深衷。中華兩岸親兄弟，何事相爭竟不容。

迎夏傳老來臺

我公展翅破長空。北海南溟萬里風。握手蓬瀛花正好，高吟燕市氣何雄。傳詩得趣西河夏，論道隨東石室融。青眼相看樽酒後，壯懷猶自欲騰虹。

守亮學長舊居翻新詩以賀之

與君同榜感溫馨。析注葩經手不停。爲正衰時擎大纛，且持樽酒寫杯銘。每欣顏子瓢堪樂，幸喜朱公眼乍青。見說舊居新築舍，題詩付與補疏櫺。

念因先生八三華誕賦詩囑和

康平歲月八三過。晚景詩書自琢磨。人似神仙驂鳳遠，心懷家國注情多。才傾三峽無窮水，口唱千秋白雪歌。北海添籌儀秩秩，南天高詠大風和。

附·蔡念因八三生朝遣懷

髮已成絲歲月過。詩書娛晚尚研磨。花飛濁世騷情在，竹抱虛懷友愛多。得暇行吟山與水，逢辰遣興酒兼歌。八三引慰邀天佑，人境從今望泰和。

香港喜逢邦新與松超坤堯幸福歡飲大醉

因呈邦新兼簡同席

知音難得喜相逢。客地何辭醉意濃。在手一杯聲慷慨，盤胸萬卷語從容。神州離黍千尋碧，寶島嚴霜百感鍾。我輩有家歸未得，且來香海寄吾蹤。

悼熙元教授社友

二十年前值此辰。相攜入社顯精神。觀君述志從容極，許我持杯慷慨陳。佳士佳篇成永訣，斯人斯疾是何因。堂前月冷瞻遺像，一拜長吁淚滿巾。

釣魚臺

雷聲隱隱釣魚臺。軍國陰魂總不衰。昔日龍蛇方鬥罷，今朝風雨又重來。一邦有難眞堪慮，兩岸無人劇可哀。漢祖唐宗開土宇，廟堂何計挽摧頹。

題詠琍風簷展讀圖

梅花點點月輪明。澹澹溪流色更清。寒夜風簷展書讀，嶺頭隱約有迴聲。

嘉有所長挽詞

昔余骨折公垂注，三顧頻繁繫我思。每謂深仁當上壽，可憐長恨失宗師。昊天不憖斯文喪，大雅同悲古道衰。今歲騷壇失雙老，更誰重領搢紳詩。

雲南孔子學會中秋茶話會上口占

臺灣萬里路悠長。一見諸君意興昂。兩岸同心攜手日，中華民族自堂堂。

壽漢泉七十

我愛唐夫子，卓然思不群。昔收湘水綠，今主北京文。論韻分清濁，成篇發苾芬。喜君方七十，門下蕙蘭薰。

觀畫

我生不識畫，欲寫難成篇。往讀前人書，摭論存其妍。虎頭最癡絕，妙畫能登仙。自唐生道子，稱聖固當然。亦有無聲詩，摩詰圖網川。似此皆高手，玅藝一時編。對面還難知，敢論誰後先。歸來牆壁上，滿室紙翩翾。胸中蟠邱壑，氣象眞萬千。峰巒疊林木，十丈飛來泉。懸崖隱小橋，築室自幽閒。何能取此景，引竿釣清漣。息機自宜早，豈不眞悠然。觀幻亦如眞，幻境情芊眠。詩成笑我癡，竟欲身留連。

碧潭思舊

羅張二子約婁陳。臨水煎茶賞夕曛。共喜深潭橋底月，還欣青嶂嶺頭雲。吟詩聯句成篇快，坐地談心覺語薰。回首當年便成跡，知交長隔絕人群。

讀東坡集

謀道從來不計身。嶙峋千古見精神。如今權欲眞無極，家國存心有幾人。

題伯安彩墨畫

我到黃山霧一團。今看君畫景千端。天梯峰頂天梯路，碧水池中碧玉瀾。巧筆自能開氣象，錦心眞可挹松巒。壁間設繪成邱壑，怪石奇巖次第觀。

象山早行

曉色迷濛已動程。驅車直往象山行。登臨縱目風光好，俯仰循階步履輕。莫謂道中推我早，誰知頂上有歌鳴。稚兒老叟同高唱，獨樂何如衆樂馨。

關渡宮

靈山關渡宮。聖化與天同。儀態超凡世，慈悲積善功。流芳千載後，解厄萬方崇。雨露深仁渥，舟輕不畏風。

股市狂飆

臺民醜惡久名揚。貪欲難塡似虎狼。股市狂飆原有故，托盤全仗黨中央。

口蹄疫

口蹄疫掃臺灣島。元戎猶誇行政處理快而好。豬群已死三百萬，豬農損失誰能惱。君不見臺灣大小官員啃豬腳，以爲大口一吃豬瘟皆能了。如今民衆已難欺，笑罵由人好官自爲民煩懊。桃園縣長選舉見眞章，選票紛紛改向如牆倒。木腐蟲生無可救，臺灣國民黨政權將難保。諸君莫謂言不信，請看今年十二月縣長選舉見分曉。

邃加教授挽詞

當年香海友名師。來往歡談出語奇。胸有五車歌白雪，水傾三峽瀉千詩。才雄無忝蘇公後，筆健眞留杜叟姿。噩耗遠傳悲不盡，一汪淸淚哭相知。

賦謝戎庵惠贈歐遊詩什

謝君贈我快遊歐洲詩七首。令我伴君遊興隨奔走。凡爾賽宮金殿羅珍寶，紅磨坊裡玉腿如林腰如柳。滑鐵盧站留青塚，英雄於今仍在否。歐洲之星飛快車，英法比猶一翻手。羨君筆陣散珠雕瓊玖。愛君淸遊興致極抖擻。謝君贈我琳瑯滿目收不盡，答君一章聊報我詩友。

餞春

臺員三月花如錦，惹得遊人眼目新。潑火晴來春旖旎，踏青風暖草璘霦。驕陽未惜修眉黛，淨鏡何堪萬斛塵。枝葉枯乾顏色褪，終無一物可相親。

謝王寧贈書

贈書三冊結合老中青。琳瑯滿眼心喜眞忘形。啓翁善書能畫早飛聲。漢語現象鳩材手不停。詩歌駢文語法開新境，倒裝頓挫擘理成芳型。比喻用典修辭與訓詁，一一拈出妙語似鳴鶯。八股昔聞其名未見面，今讀方知文章技巧精。桃柳不可直接說桃柳，劉郎紅雨章臺灞岸盈。修辭學上謂之爲借代，楊花點點離人淚晶瑩。蘇公雄才大作尙如此，前人此法何辱又何榮。詩文聲律論稿善析疑，讀來反覆令我久心傾。讀罷平仄對偶聲律史。回頭一翻訓詁學原理。常人枯燥無味之學問，在君手中波瀾激湍水。一波未靜一波旋又起。如何學好傳統之古訓，繼承借鑑縱橫兩相比。章黃學術今來滿兩岸，君與我皆再傳之弟子。師承陸穎明與林景伊，發揚師說雙肩責難已。相期攜手爲民立新命，亦爲中華文化繼先軌。此心耿耿想君與我同，莫令將來歲月虛行駛。君書讀後齒頰尙留芳。更喜青年才俊意氣揚。國英小篆形聲字研究，已能作賦追跡魯靈光。今後仍當各自敎生徒，沈浸學術緒承章與黃。

小馬哥

謀道從來不計身。而今龍馬見精神。盈朝久滿希顏客，舉國誰能倒捋鱗。一注清流如皦日，九重近側盡諛臣。悲歌壯士高揮手，振袖飄然急拂塵。

菅芒學運

采采菅芒到處生。欣看學運震聾盲。九重已感楹櫟動，五萬同呼羽鏑鳴。莫謂諸君聲響小，直令群醜膽心驚。還期戮力同終始，未竟全功誓不停。

初夏驟雨

夏日陽和草木欣。鳴鶯乳燕鬧相聞。荷香浥露沈波底，天外狂風捲夕曛。乍見長空雲漫漫，旋看小院雨紛紛。如持臺島樞機者，覆幬無方四海昏。

師大國文系八六級四年乙班最後一堂訓詁學適逢傾盆大雨因賦詩以贈諸生

今來大雨竟滂沱。恰似離情涕淚多。細數流光才一載，已聞到處起驪歌。傳薪應許添新火，述學還當出舊窠。別後仍須同努力，滄波萬頃釣靈鼉。

與詩經研討會會友同遊灕江

灕江江水碧潾潾。夾岸奇形潑墨眞。九馬畫山群競識，三峰插架筆傳神。詩歌伐木殷勤會，時遇和風氣象新。天意今隨人意轉，融融樂樂一家親。

附·唐甲元步韻奉和

波光雲影碧潾潾。聚會榕湖夢竟眞。兩岸春山花入韻，一江秋水玉爲神。書生意氣交情重，詞客才華振筆新。願得先生收附驥，元元①相契更相親。

附·林葉萌和作

漓江含月水潾潾。搖曳青峰幻亦眞。空谷幽蘭堪寄意，畫山九馬最傳神。碧蓮峰裡花長豔，疊彩山中景更新。愜意亭臺人繾綣，多情山水倍相親。

附·黃蓓蓓和作

青青綠水碧潾潾。煙雨漓江半幻眞。幾縷嵐飄輕似夢，一湖月蕩韻如神。千年碑碣堪探古，四季騷壇力創新。留得詩心憐勝景，好同大地永相親。

附・黃小甜和作

船入漓江動碧潾。荊州初識感情眞。還將山水成佳句，且把胸襟寄韻神。歷史文明猶譽遠，風流人物竟圖新。沉浮世事如蒼狗，唯有詩朋最可親。

西林寺用東坡韻

未見廬山五老峰。西林氣象繫心同。驅車直向前奔去，已墮諸天色界中。

附・黃坤堯西林寺和東坡韻

回首匡廬錦繡峰。色空如幻素心同。東坡悟得禪思趣，魂化千山煙雨中。

東林寺用坤堯韻

惠遠淵明坐碧池。虎溪難越且安枝。聽明泉水人爭飲，論道今來幾合離。

附．黃坤堯東林寺

虎溪橋畔白蓮池。淨土開宗葉滿枝。水色山光留半偈，翠田雙塔碧琉璃。

三疊泉次坤堯韻

叢山灌注有清泉。三疊懸空倒玉川。一洗此身長垢後，有如親入濯龍淵。

附．黃坤堯三疊泉

酷暑來遊三疊泉。澄紈素練掛冰川。跳珠迸玉龍潭鏡，五老峰光入紫淵。

贛州鬱孤臺

鬱孤臺下我初生。此刻重臨別有情。遠望崆峒隨日出，俯聽章貢合流聲。師恩鄉思誰能已，滄海桑田事幾更。登上高層吟一曲，蘇辛千古共揚名。

陽埠中心小學

惜分亭下老門生。白首重來別樣情。往昔恩師皆逝矣，今朝學舍也紛更。尋根惟見淒涼影，叙舊先思雨露榮。母校百年樑棟在，欣如鴻鵠喜新晴。

崆峒行

昔我來贛州。崆峒送我遊。晴見崆峒翠，雨見崆峒浮。望之而不即，心中實有求。何時償我願，登高展雙眸。秦時有木客，採木崆峒陬。一見木實繁，從茲託庇庥。今雖不可見，亦欲嘗其休。今日和風起，返鄉樂無憂。區辨劉主任，相伴有行輀。吾徒姚與黃，扈從壯行周。沿途霞光耀，雲蜃結市樓。地有獅子巖，任君攬其頭。石從天降後，仙人與人侔。我在峰山頂，遠望章貢流。贛江從此逝，千載空悠悠。

贈葉發有主任

萍水相逢如舊識，與君蓋也不須傾。崆峒曉色尋常翠，章貢同流浪湧生。空谷傳聲心自喜，高情指路事旋成。車中巧遇家鄉客，爽朗精神海樣淸。

錯書林葉萌女士姓名為朱日萌特賦此致歉

錯將林葉作朱陽。見面先當罰一觴。老眼昏花如霧裡，粗心眞個感慚惶。

丁丑中秋月全食

登樓置酒一徘徊。泉湧金花鳳舞毸。銀漢星隨雲影動，中秋月伴樂聲來。天開湥曠超塵域，鏡抹煙嵐似墨埃。試問今宵全食後，此生能否再相陪。

註① 陳教授字伯元。

伯元吟草卷十五

（起民國八十七年元月至民國八十八年十二月止）

社鼠用仲師韻

詩人有至意，喻說旨彌高。請看宗社內，只聞群鼠嚣。其中一鼠首，姦黠何庸勞。深情能愚主，盡竊腴與膏。翻覆雲雨手，豈惟心忉忉。名器賦斯人，去禍豈崇朝。連辱三柱石，氣焰益兇驕。摶弄無已時，社柱已難牢。民居如燕幕，誰能世外逃。竊鉤法可誅，竊國非貪饕。三誦墨翟言，道理實昭昭。坐看傾圮日，默數應非遙。

附．華仲師社鼠丙午新正二日，聞鄰鼠集社，以此起興，所謂事在於此，而義歸於彼，其亦詩人之旨歟！

宗社嘗有鼠，所憑固且高。數夥盈千百，昕夕聚以嚣。祇爲飲河忙，不憚穿墉勞。既食太倉粟，復腹斯民膏。司祝積惡久，兀坐心忉忉。薰灌無所施，爲患非一朝。忌器不可投，恣睢勢益驕。獨憂社傾圮，燕處失其牢。五技皆已窮，四竄將安逃。群貓正環伺，攫食如貪饕。無禍寧恆持，柳說曾昭昭。寄言貪鄙輩，敗壞終非遙。

馬州西部滑雪

馬州西部碎零陬。當我來時雪滿頭。黑白紅黃人濟濟，中青老少興悠悠。初時尚帶纖纖雨，入夜方知漸漸遒。飛絮飄花心怒放，山顛直落似奔流。

讀鏡熹來詩

桃紅柳綠不關心。隔岸逃秦避世深。漢晉何時非易曉，兒童漸已變鄉音。

讀金伯叔龍川行

循州自古號龍川。惹得詩人意興纏。太守周君能惜士。逐臣蘇子得分妍。焉知九百年之後，又讀三千里外篇。我欲乘閒來住腳，與君抵掌說前緣。

次韻呈仲師

早歲披書萬卷吞。晚將詩律作寒暄。讀公長句藏深意，報友心期返國門。永盼酬恩珠有淚。卻傷當世月常昏。蒼天憒憒眞無奈，知己何須謝不能。

附·華仲麐師伯元詩家自三藩市渡假返臺，蒙迂道來洛，與余相見，故人情殷，喜極淚下，伯元家有賢妻，內外支持，獨任其勞，故伯元得以大成其學，今見其二子長成，英發有禮，曷莫非賢伉儷以身作則，厚德在人之功，誠可賀也。感賦長句，以達盛情，並祈政之。兼簡秋雄。

萬轉千迴氣已呑。強顏無語及寒暄。三春無意歸遊子，九死寧甘絕國門。回朔舊儔餘暗省，坐看落日送黃昏。嗟哉彥聖同心結，辜負知音愧未能。

長白山觀感

人言長白景千端。當我來時霧一團。傳說天池明似鏡，卻逢急雨暴如瀾。瑤姬不欲人窺視，羅幕頻張影窅漫。今日無緣難覿面，他年有興再來觀。

金沙江虎跳峽行

青海格拉丹東峰。晶瑩泉水開蒼穹。金沙瀾滄與怒江，自北奔流馳南封。滔滔汩汩無窮盡，一到石鼓情所鍾。不向南行轉向北，峻嶺高山隨濤衝。浩蕩波濤勢莫禦，誰能獨力攖其鋒。玉龍哈巴兩雪山，獨愛金沙肌膚豐。兄弟協力同攔阻，殷殷相留情意濃。姑娘施展水蛇腰。不懼不畏兩山高。鐵索橫空心不怕，眨眼之間瞬奔逃。未到麗江心漫羨。已到麗江應見面。歡欣鼓舞結伴行，汽車飛機乘之遍。高原之上更攀高，人人喜悅成歡忭。我獨氣喘若牛鳴，高原現象氣如線。不到虎跳心不死，一步一喘情猶煽。既臨峽口觀濤急，波瀾滾滾奔如箭。方知造物有乾坤，響若巨雷速似電。此行艱困當云何，腳骨酸痳汗如濺。平生得見江水源，身雖辛苦心猶戀。

第五屆國際漢字振興學術會議同遊摩耶精舍賦贈信發教授

結識如今二十春。一回相見一回新。豈惟文字承師學，自有經綸釀別醇。顧曲能傳天下耳，畫圖重展大千神。摩耶精舍多奇品，鸞鶴同鳴氣味親。

附・張夢機伯元詩贈信發因亦次韻繼作

在昔同尋碧海春。於今雪入髮絲新。早欽小學傳師秘，眞感高情勝酒醇。詞藻能摹曾鞏句，辯才已得孟軻神。平生除卻丹青外，京調田黃是近親。

第五屆國際漢字振興學術會議同遊摩耶精舍賦贈韓國東學會長

遠識先生五載長。一回相見一回芳。心維漢字傳神秀，意結高情勝酒香。欲挽狂瀾齊著力，欣看麗采已飛光。摩耶精舍多珍品，鸞鶴和鳴響共揚。

有懷夢機

一紙吟箋到藥廬。試探君子近何如？香江煙雨蒙題序，曲水淵潭屢羨魚。久避囂塵張司業，嘗留醉酒陳校書。幾時重敘論今古，把臂歡談願莫虛。

附・張夢機次韻答伯元

孟冬短札到吾廬。養病生涯涑雀如。眞感清琴奏流水，多欣濕沫活窮魚。聲窗風冷朝看嶺，影壁孤燈夜讀書。偶亦開簾迓寒月，弦望端合悟盈虛。

探甯盦病先呈二章

小病吟床可養嬌。開心飛越足能豪。尋詩作字悠閒極，宜得和鳴一笑嗷。

停雲詩友久違離。唱慣巴歌夜晦迷。白雪何時吟一曲，衆人昂首望雲霓。

答仲翁師來詩

鹿車鈴響歲將除。萬里相通藉鯉魚。杖國高齡詩競秀，酬恩一念憤難舒。滔滔九域非安土，黯黯三臺有異疏。點滴心頭千種恨，且留論贊石渠書。

附・黃坤堯歲暮請安呈仲翁太老師步伯元師韻

文采風流病掃除。識荆嫌晚羡淵魚。我承尹叟章黃後，公寫雕龍義說舒。萬水狂飆歸正脈，百年珍樹仰扶疏。洛城天女裁雲錦，花散維摩貝葉書。

附・高明誠敬次伯元師答仲翁師來詩原玉

蘇子詩脾興不除。匡扶大雅化龍魚。師吟麗句騷風振，我愛元音正氣舒。宋韻根源多變幻，瑞安絕學未荒疏。浮沉寶島情相擬，憂憤塡膺奮筆書。

有懷戎庵夢機用夢機九疊詩遺韻

每憶當年共賦詩。碧潭橋畔屢相期。已拋往日成輕霧，還望吟朋共酒巵。嘗念戎庵如滿月，也思師橘啓新知。何時擊缽聲長響，寒玉敲冰莫我遺。

附・張夢機答戎庵九疊前韻

經年歌哭託於詩。竹外移居副所期。漸失歡虞非往日，能銷落寞是清巵。病身已訝冬來早，衰兆先從臂痛知。禹甸吾曾遊萬里，江南形勝尚多遺。

次夢機十疊韻奉答伯元

十韻吟來尚有詩。使君才量遠難期。長年屢曬攤書腹，後學頻斟盛酒巵。翰墨揚徽人盡仰，風騷振鐸衆同知。喜聞研露裁唐句，細嚼梅花馥四遺。

附・張夢機十疊韻奉答伯元

記曾午夜尚賡詩。與汝同望換骨期。楚茗如袍禦寒氣，漢書作食下清卮。髮絲已被霜痕入，心緒都爲卷帙知。眞感高吟能慰我，傳來古誼了無遺。

夢機和詩更賦一首

午橋莊下晉公廬。水竹煙花意皦如。得相能平天下願，窮經須寫五車書。吟詩早繼魚千里，好語欣看水活渠。雅志倘能隨所願，陝甘巡閱豈容虛。

壽張所長定成七十

我雖不識張定公。側聞詩書兩絕工。近日騷壇推大雅，擊缽聲長人尊崇。門下弟子齊祝壽，正直謙靜宜歌風。君家東漢張徵士，善造草書飛雲空。眞行草如立行走，垂露淩霄衝樊籠。同聲之氣臭如蘭，問壽茂同南山松。

次韻戎庵酬伯元見懷

近翻詩冊憶悲辛。說項蘇公紙上春。似竹情懷終不屈，吟來又見筆通神。

塵海相隨寫意來。傳觴曲水尙浮杯。追懷往事千篇在，寒歲還期賞雪梅。

附・羅尙酬伯元見懷

疊韻搜腸太苦辛。知公著手便成春。晚晴時候吟詩樂，何必斤斤筆有神。

都門唱和廿年來。往蹟斑斑在酒杯。雲散水流人健在，小陽春月約尋梅。

贈戎庵宣紙詩牋一疊

彩印信牋宣紙好，內含白石寫丹青。詩人揮手成珠玉，擊節高吟合細聽。

我今電腦難離手，好紙貽君著意揮。孤雁霞光秋水遠，詩成落筆暮煙飛。

次韻夢機鯤天吟稿見懷

湘源無盡水，孕育子多詩。零落千帆歎，纏綿一息癡。不隨人媚世，還有筆耕詞。吟罷拈花笑，惟君識後期。

元旦假日參觀國父蔣公兩紀念館感賦

開濟勳勞孫與蔣，推翻滿帝轉乾坤。一除軍閥留元氣，再戰強鄰醒國魂。能使臺灣離火宅，還將希望立心根。巍巍兩館追先德，到此欣然一獻樽。

次韻答戎庵三疊詩遺韻

香海當年贈我詩。邃加相與訴襟期。如煙往事孤零夜，映月金波瀲灩卮。監察騷壇威不再，照臨心曲意能知。與君風誼兼師友，竹節清虛昔所遺。

附・羅尚奉酬伯元封贈宣紙彩繪詩牋十疊詩均就教

詩牋贈我再賡詩。雅集雄談已定期。冰魄仲冬雙闕月，風襟前事碧潭卮。停雲碩果光長照，似水流年夢未知。懷舊感時同有作，女兒膚紙謝封遺。

次韻稼雲鄉長青潭詩巢

稼老築詩巢，碧水縈其間。青翠藏屋後，坐擁山環山。司馬獨樂園，清溪共一彎。東園營蜀公，汴水也潺潺。花竹多野趣，禽鳥時綿蠻。投老身許國，難與共清閒。何如稼雲老，長晝且閉關。不涉囂塵事，岑苔滿青斑。此中有眞樂，魚鳥笑子頑。怡然常一笑，對酒每開顏。謫仙對月飲，彷彿亦可攀。今日詩壇上，公已列首班。情同杜陵叟，感慨邦家艱。章貢無窮水，東去屢思還。同是西江人，鄉語不須刪。何時一樽酒，對說幽且嫻。

附·龔嘉英青潭詩巢

頂樓舊板屋，十坪一小間。面對大崎腳，背倚大香山。溪水繞舍前，宛如腰帶彎。流經青潭橋，雨後響潺潺。山坡擁樹林，鳥語聽綿蠻。名之曰詩巢，向老宜休閑。居此十五載，晝靜學閉關。簷前冬日暖，花下綠苔斑。書卷常在手，鷗鷺笑我頑。溫飽恆知足，得酒更開顏。明月東峰上，列星垂可攀。忽憶杜陵翁，漂泊念朝班。遭亂賢愚同，異代時勢艱。

渡海半世紀，羽倦亦思還。吟詩餞歲寒，拙句改復刪。因何契吾心，梅香幽且嫻。

仲師允賜詩序四疊詩遺韻賦謝

序罷聲詞復序詩。我公恩賜竟能期。當年浮海飄南筏，奉手玄亭獻一卮。藹藹春雲思不盡，綿綿精意久相知。洋洋流水琴音好，卻寫心頭款曲遺。

楚望先生逝世十週年追思感賦

楚望先生繫我思。風流儒雅亦吾師。駢文久已成仙手，盛德今皆鏡茂資。玉尺量才三十載，栽蘭育蕙百千枝。深仁响我恩無盡，凝望雙聯淚復滋。

五疊詩遺韻答葉萌母女詩家

桂林佳景育清詩。最喜君家韻可期。流水高山同度曲，陽春白雪共擎卮。深情似海情長在，雅意如絲意總知。我願年年春色好，天涯相憶莫相遺。

附・黃蓓蓓次韻陳教授有懷

春到人間韻若詩。東窗桃李久相期。臨流每欲同斟句，隔岸猶思共舉卮。海浪成歌無譜識，心潮作曲有弦知。更期桂海重相會，天佑虔誠願莫遺。

瀛社社課・詩幟飄揚九十秋

詩幟飄揚九十秋。宣騰風雅孰能侔。聯鑣並轡敲寒玉，鼓翼穿雲遺別愁。小苑梅花香尚在，東籬黃菊節仍遒。社中君子情懷好，薪火相傳自不休。

壽仲麐師九十華誕

洛城臺北路偏長。生日容申一瓣香。絕業久傳齊稷下，仲翁何啻魯靈光。雕龍寫罷明精義，三樂賡歌祝壽觴。二序賜余情不盡，相知寧止丈人行。

六疊詩遺韻賡和蓓蓓來詩

看汝羊城發軔詩。已知千里可相期。漓江泛碧如羅帶，滄海無邊攜一卮。流水高山多雅意，陽春白雪有新知。君家母女豐才學，賜和佳篇不斷遺。

附·黃蓓蓓再和陳新雄教授和詩

春雨逗簾似欲詩。海棠花外報花期。長街綠樹懸星斗，小室良朋擎玉卮。頻祝吾師無逆事，虔誠余意有天知。相逢他日春還在，再詠春詞幸莫遺。

伯元吟草刊行自賦七疊詩遺韻

官場未入好吟詩。千首刊行已可期。世事常乖難適意，微軀粗健許盈卮。蒼松有骨誰能識，白雪多花世罕知。說志言情長卷在，此心相伴莫相遺。

附·黃坤堯奉和詩遺韻

電郵網絡巧傳詩。咫尺天涯不後期。一點靈犀芸葉稿，百年幽恨菊花卮。江湖冷雨朝花落，經典殘叢隻字知。五月吟壇招長老，葡萄新釀豔歌遺。

哭炯陽弟

自從臥病到如今。久歷秋冬春又深。看汝齧冰寒澈骨①，傷余折臂痛椎心。本期蘇子傳歐志，卻繼章公哭季音。三顧醫坊情不盡，無言惟有淚淋淋。

八疊詩遺韻讀葉萌女士楓菊二詩奉呈一律

楓葉紅時喜有詩。黃花自傲過霜期。秋江映月江方豔，賞菊持杯菊泛卮。愛國心如丹火熾，受災難應世人知。任寒徹骨君無懼，白雪高歌永不遺。

九疊詩遺韻賦謝張以仁教授惠題伯元吟草

喜奉吾兄惠我詩。猶如相對豁襟期。羨君磊磊珠生硯，愧我詹詹日出卮。渭北江東春樹接，停雲落月此心知。從茲相得洋洋意，古錦囊中莫惜遺。

十疊詩遺韻恭挽和煜叔祖

送公歸去我吟詩。十七年來約後期。案上鯉書釘作冊，心頭許願對傾卮。小龍坑路依稀在，大限來時彷彿知。前月諄諄情益重，書贈金伯莫相遺。

用金伯韻再挽和煜叔祖

五十年前共一乘。征鞍急走許相應。臺員歲月旋成幻，陽埠光陰願幾層。自爾鬚眉難渴望，惟將書翰寄情勝。今聞噩耗心先碎，徹骨傳寒淚已冰。

讀景勝樓詩集呈稼老鄉長

展卷珠璣入眼明。驚呼眞有筆通誠。羨公才似行空馬，愧我心如曳甲兵。白雪原爲高格調，騷壇罕見古瑤瑛。他年重會滕王閣，樽酒相陪細細傾。

仲翁吾師九秩嵩齡返抵國門詩以迎之

洛城臺北路偏長。九秩嵩齡勝菊芳。晚節嶙峋若松柏，堂前弟子獻壺觴。遼東歸管垂丹史，海外來蘇更遠航。希聖希賢誰得似，一鍾吾欲奉宮牆。

贈甬盦兄筆

紅粉貽佳人，寶劍贈英雄。今我得佳筆，纖毫積潤融。持之欲與誰，應奉我所崇。所崇信能書，原有不擇工。銀鉤兼鐵畫，走筆意無窮。區區相許意，聊以寫吾衷。舊贈書十幅，纖波雜點濃。煙霏如霧結，翥鳳夾蟠龍。翰逸思神飛，規矩諳襟胸。縱橫觀不足，玉軸更藏筒。我兄千金重，揮如鶴一沖。即今臺島上，誰可比崇隆。五股余投地，君固氣如虹。

溫哥華贈承志韋英伉儷

當年壇坫見昏晨。客地相逢隔世人。文字難同形意樣，聲音尤異濁清倫。名山事業心猶壯，樽酒生涯願已陳。一息至今差足慰，吾身潔白尚無塵。

軍史館姦殺少女案慨賦

史館莊嚴神聖地，青春少女被姦淫。天人共憤荒唐事，官長縱容禽獸心。內省元戎應罪己，須知民怨已成霖。廟堂袞袞諸囊袋，能不捫胸汗浹涔。

赴美前夕接夢機鯤天吟稿

病肝病肺兩相煎。萬事全抛且學仙。忽有鯤天吟稿出，一如依草落花姸。懷人詩在人難見，寫景聯存景尙鮮。此去西洲不離手，爲君高誦一陶然。

西雅圖

來美先遊西雅圖。太空針頂啓征途。雷尼高聳雲霄外，白雪晴巒景色殊。

愛達荷

愛達荷州停一夜，斜陽高照九時休。哥倫城在明湖畔，碧水藍天好蕩舟。

聖瑪麗湖

聖瑪麗湖水色藍。人人起興戰霜酣。潭流競走三方向，兩大洋加伽海南。

冰川公園

處處山頭處處冰。凍原雪嶺耐炎蒸。請看盛夏陽光下，未損絲毫白覆層。

鏡熹兄嫂款余於溫哥華賦詩誌感

異域相逢意倍親。情懷不減舊精神。早知吾子眞才子，今識夫人是美人。對菊持螯能飲酒，研梅滴露久離塵。綢繆義切同心侶，共別香江不夜春。

附．方鏡熹和答新雄並柬吉鴻有序

余蟄居加國已有年所，偶爾親朋到訪，屐履相迎，平添喜樂，一慰想懷。己卯歲夏同門新雄吉鴻先後將妻女自臺來晤，不嫌千里，情爲可感，吉鴻匆匆短敘，未盡言宣。新雄則同遊竟日，復贈別章，詞華情切，語多相許，不揆續貂，蕪辭奉答。

叔度違離未得親。無遺在遠僕風塵。比遊接履形隨影，賦別連珠筆有神。才子聲名多許我，荊妻容貌僅如人。同懷守樸經年月，望岫息心天地春。

美加邊境

美加邊境自由行。遠勝華臺兩岸情。招手數言身已去，觀人思己孰輸贏。

卡爾葛萊②

成群牧馬遠含煙。卡爾如同敕勒川。天似穹廬籠四野，草香花豔亦欣然。

愛蒙頓③

愛蒙頓在大平原。車子奔馳抵省垣。聞道市場冠北美，此身今亦竟圓緣。

乘興前來興盡歸。一天聊與世相違。蘭兒高速奔馳下，卡爾城頭日未晞。

弓河瀑布

尤物於今不可見，大江依舊向東流。滔滔汩汩無窮盡，夢露歌聲韻轉悠。

洛磯山脈

洛磯山脈自橫空。皚皚千峰氣象雄。我到山頭拈一石，歸來看取補天功。

路易絲湖

路易絲湖倒影奇。風光旖旎美如詩。群山青翠頭皆白，澗水澄清默默移。

早起環湖信步行。山窮水盡轉新程。山中雪雜泥沙下，濁浪須臾又復清。

人人盡說湖光美，灩瀲晴波漾月瀾。激蕩情懷眞莫已，且驅佳色入毫端。

達卡飛瀑

蒼碧空中垂白練，千尋雪乳傾山巔。遊人到此一舒洩，萬壑群山競放妍。

孫逸仙公園

溫哥華有逸仙園。碧瓦紅牆花木妍。一縷誠心余欲拜，爲瞻銅像小留連。

溫哥華大學民主女神三首

天安門外女民神。國內難存世所嚬。幸得溫哥華大學，依然塑立令人親。

六四天安門外音。依然縈繞世人心。機槍坦克多殘暴，民主精神四海歆。

今到溫哥華大學，精神民主與人同。北京何日眞開悟，本固邦寧世所崇。

臘像館

臘像館中士女全。君侯首相各連翩。戴妃夢露皆尤物，可惜天偏不假年。

維多利亞花園

奇花異卉滿園庭。詫紫嫣紅實可驚。令我嗟嗟難自已，海棠朵朵若銅鉦。

省議會

議會原為民主徽。招來群衆識清暉。天聽自我民聽始，聖哲遺書用意微。

可惜毛朱專政後，民權只作幌帘看。欲求事事民為主，十二億人欲得難。

濱峰詩老惠賜不晚齋手寫詩詞稿暨書法集郠以長句錄呈兩政

湘贛相鄰路豈長。卻由華府奉清光。將書作畫成雙絕，信手裁詩擅勝場。設教飛聲承舜水，通神瘦骨比歐陽。從來筆正緣心正，應拜蕭蕭老遂良。

華府書友會相邀講東坡詩學因奉長句書

呈留念

華城書友善吟哦。尤喜陽春白雪歌。竹露精研批漢史，梅花細嚼說東坡。唐音宋句開新境，絕俗離塵脫舊窠。海外蘭亭留逸韻，諸君相與更清和。

爸爸節感賦

諸兒相勸把心寬。費盡心機博我歡。海釣悠然眞適意，大西洋裏海波闌。

病中贈文起

病中相會識君心。壇坫殷勤恩義深。昔日華岡初請業，今宵杏苑奏槐音。冰生寒水寒於水，樹造涼陰涼有陰。每憶瑞安師教在，欲將恩澤轉甘霖。

榮總住院感賦

咳嗽連三月，原來病肺深。醫爲詳診察，我乃任翻尋。氣管先容鏡，核光復掃陰。縱探逾十日，豎去疾當歆。

李登輝咆哮

元首全然無雅量，咆哮若似小流氓。拙宋擁連憑己意，大哥二弟是何章。皇奴心態眞該絕，華夏聲威豈足揚。但願吾民多智慧，早催老朽把身藏。

次韻永義老弟來詩二首

豪情應不減當年。止酒成詩過百篇。風雨雞鳴眞莫已，密雲過後又晴天。

元龍豪興記當年。把酒吟詩三十篇。世事滄桑情不變，還期攜手五湖天。

附．曾永義贈詩有序

多年未拜見吾兄伯元，一見悵然，不勝今昔，即席口占，奉呈吾兄吟正。八八年九月十日弟永義於寧福樓。

豪情不再憶當年。有酒有詩詩百篇。惆悵只今如夢裡，何堪世事望雲天。

結婚三十六週年

結婚卅六年，相牽過一世。初來迫經濟，旋復爲兒計。今來漸安定，光陰又已逝。看看白髮翁，臉上風霜砌。從今相慰籍，要存金石契。愛心長久在，枕邊宜語細。攜手申前約，不渝舊盟誓。

附·林葉萌和新雄教授結婚三十六週年

君未負華年，清高可傲世。教德多慈濟，教案多新計。眞善方針定，春不與時逝。詩可比放翁，伉儷情絲砌。此生堪慰藉，心有靈犀契。幸福時時在，互愛臨巨細。猶記當年約，豪情吟宿誓。

集集大地震

九月二十一日集集大地震，一震之威七點三級強。奔雷閃電難比擬，橋樑道路斷柔腸。移山土石流無際，住宅田園隨埋荒。斷臂殘肢隨處是，父母呼兒哭高堂。百年大震災何厲，兩仟生靈已傷亡。一片哀號苦浪浪。美日韓英德俄墨，瑞土救難從天降。四日無食尚生存，景閎尚能知姓張。可憐父母俱亡故，從今歲月徒哀傷。孫氏兄弟善求生，爛蘋果與舊冰箱。大命終於顯奇蹟，啓峰能活靠啓光。救災本來如救火，中央卻像慢中郎。四天之後亂糟糟，一籌莫展緒茫茫。內政部有兩大署，救助災傷由消防，查報災情緣警察，連絡往來音訊揚。今不積極操急務，卻立帳號收帑藏。嗚呼！一震臺灣百病生。鋼筋減料何能承。保麗龍與沙拉桶，竟作支柱來支撐。外表堂皇內敗絮，如此建構怎可擎。屋塌人亡固可識，追究責任莫相輕。謀財害命喪天良，繩之以法昭明刑。戒之既往勵將來，方足告慰災亡靈。元首下詔先罪己，災區應立新碑銘。豎立災區醒目處，上書死者姓和名。千秋萬世一灑淚，以懲執政眞無能。

集集地震災外災

集集震災地裂口。救災擾攘煩元首。直升飛機翻覆手。未能救災先獻醜。打翻災民帳蓬後，不先致歉卻怒吼。救災非爲爾一人，色厲內荏神沮忸。一損不足再而又。隨從護衛更施威，碗粗樹幹如拉朽。嘩啦一聲隨風捲，哀哉女童如芻狗。

誰無兒女無父母。仁心何在任奔走。耀武揚威民何依，若此
凶殘傒我后。

集集大地震十絕句

地震隆威足可驚。不時搖幌已樓傾。災民陷入千尋下，黑獄
臨頭孰重輕。

救災原不分人種，美日韓歐各自來。惜我臺灣機具缺，命爭
分秒劇堪哀。

元首乘機巡狩下，飄風吹倒小孤篷。無衣無食無居處，災厄
平添益困窮。

災民元首相爭吵，體統全無劇可哀。大度雍容何處去，治邦
今缺濟時才。

媒體新聞傳災害，救災常遇慢郎中。未能頌功歌盛德，老老

番顛怒火沖。

視聽莫要看無線，爾等居然總不聞。我把眞情盡封鎖，看汝還能何所云。

內政長官黃主文。消防警務兩支軍。不隨衆士救災去，卻收帳款落紛紛。

連陳宋許六支軍。災難來時暫解紛。連戰災前災後去，居然公子入人群。

臺北受災與衆同。弟兄救出樂融融。孫家盛德人難及，上帝方將寵命隆。

救災救難難還殷。菲卻乘機落石頻，從此鄰邦成敵國，不論人道自相瞋。

《伯元倚聲·和蘇樂府》新書發表會舒懷

欲學東坡氣象雄。浩然正氣貫長空。非非是是能窮諫，正正堂堂盡屬公。師長友朋今蒞會，生徒後晚便開蒙。也知不作堅牢玉，無耐當令頃刻紅。

夜遊鼓浪嶼

赤縣東南我始臨。廈門幸喜有知音。日光巖見團圞月，鼓浪嶼存鄉國心。往昔夷人留舊蹟，今宵遠客作新吟。金甌未缺情懷好，佳景流連露濕襟。

廈門望金門

廈門東向望，海上一家村。初看大二擔，進觀小金門。千尋一線外，金門大武尊。咫尺東海上，詭道莫再存。夕陽有餘暉，東海更朝昏。波濤洶湧日，漲落見舊痕。執權持柄者，何不轉乾坤。人民無仇怨，所爭暴與仁。誰能易仁暴，自能牧斯民。滔滔東海水，斯言更所聞。

廈門徐州空中鳥瞰

朝發鷺江頭。晚到彭門休。南北三千里，我亦逍遙遊。飛臨白雲上，鳥瞰心悠悠。叢山如鳥道，閩中多林邱。峰峰每相連，崇嶺峻且遒。旋已越大江，處處盡平疇。稻麥千萬頃，畦畦翠條柔。張眼望不盡，盡見穗芽抽。雞犬許相聞，斯民樂無憂。帝力何有哉，外出有行舟。阡陌盡道路，水鄉自可留。須臾停鐵翼，縱目見徐州。

次韻坤堯論道呈伯元師香江

手持椽筆自生花。知也無涯命有涯。文字新探能析義，歌詞舊善喜隨槎。和蘇樂府抒懷好，送我珪章述意遐。共道黃樓瞻仰日，定留長句慰詩家。

附・黃坤堯論道呈伯元師香江

一念人間頃刻花。此心無住亦無涯。已探造化精周易，更溯河源泛漢槎。海雨飄飛情味永，陽春閒倚夢魂遐。徐州喜共黃樓月，曾照千年蘇子家。

元生族叔挽詞用金伯叔韻

洪濤滾滾共潛升。薤露哀歌已遠騰。魑魅逢迎人所恨，子孫痛哭命堪憎。與君昔日同遊侶，愧我茲辰謇善稱。吉士自當垂永世，一生事蹟載家乘。

停雲雅集

停雲自結社，今來逾廿年。每月一相逢，愁懷託詩蠲。亹亹無止日，成詩千百篇。社長雨盦公，優遊如神仙。閒來一揮灑，鐵畫銀鉤妍。詩城酒國豪，服膺自拳拳。苔岑久相契，會心誰能先。戎庵能沉潛，滄海攬明珠。鬱鬱盤根樹，陰垂衆和愉。昔曾邀上舍，爲言作詩途。亦嘗贈墨竹，令我歡滿隅。何時一樽酒，相對能懷攄。般般訴不盡，聊復道區區。

昔者沈舟側，抛繩欲挽之。珠玉每相投，遂令起相隨。和詩逾十疊，於歟盛於斯。無君相牽挽，我定不解詩。偉哉張水部，欣喜識光儀。景伊師門下，余初識尤君。學承魚千里，樽酒同論文。一筆瘦金體，紙墨久含芬。贈我七絕詩，淡海詠餘曛。近年勞案牘，詩篇漸少聞。文章千古事，宦海莫沉淪。昔我同門友，合肥婁志天。攜手扶正道，吟詩百十篇。可憐無福命，中道先棄捐。余爲營喪葬，淸淚洒涓涓。玉面團團者。煙酒皆所寡。斯人有斯疾，孔聖亦嗟啞。今詩留學侶，何能相棄捨。他日斯人傳，誰堪爲舒寫。社友黃幾道，論詩妙毫峰。還能探密度，篇篇說淡濃。眼高手難隨，每聚竟難從。於今居海外，千里何從蹤。悠悠寄我思，我思亦無窮。更有杜陵後。欲學屠龍手。喜書漢魏隸，能詩亦能酒。話與魯公同，學亦能承守。可憐遭噴墨，踽踽獨自走。何日復歸來，停雲重聚首。秋雄與文華，來者正可畏。隱侯與子昂，吟詩亦有味。先世已如此，後生自足貴。社中兩支柱，詩興方如沸。苟能持不息，吾道何所喟。尚有顏氏子，隱居臺灣東。似不貪世欲，故今不我同。然昔發爲詩，亦若唱大風。衛生專莊老，詩酒莫相攻。記否耽諧謔，同社豈忘儂。時問信雄乎，良樂也融融。八閩邱居士，三臺陳龍丘。相牽同入社，各各展芳猷。咸望從今後，每聚必相留。賦詩毋間歇，高歌興悠悠。再會多年載，詩筆自雄遒。醴陵張詩老。

下筆非草草。兩間凝正氣，吐屬無不好。研經深訓詁，大惡隨天討。作詩眞有神，處處見豐藻。傅毅與班固，上下實難言。吾社未取班，卻愛傅君鮮。能詩亦能書，造語尙清圓。今爲系祭酒，理應爲衆先。作詩宜奮臂，投稿當爭前。苟若落人後，執法自無偏。信國有後生。吟哦發佳聲。幸福原在我，詩成酒共傾。忠義盈骨髓，容色本澄清。我喜性情豪，飲爾酌三觥。我未入社時，古風未嘗聞。黽勉諸公後，始識體彬彬。嗟余一小卒，命作監察人。睜眼看諸公，赫赫信威存。不赴會有罰，浮酒應盈樽。自身未敢忽，方能定社尊。相聚二十載，至今意欣欣。一秉昔年心，看花意更勤。今宵聚社友，半來半又分。重申我社規，舊律翻清新。諸君同戮力，毋庸更重陳。

重遊陽埠惜分小學

當年陽埠惜分亭，重到遊觀有變情。舊日友朋俱莫見，眼前學舍亦新更。里人濟濟紛垂訊，鄉語綿綿不斷傾。少小離家歸老大，聲音無改尙迴縈。

戲贈梁尙公

尙公好吟詩，而謙謂不識平仄，令嬡梁康怡小姐與楊康先生結婚大喜，新人姓名即函聲律，因就此意賦詩相賀，並乞賜政

康怡自是爲康生。佳偶楊康愛有情。文字康梁原疊韻，楊怡紐位乃雙聲。尙公向來詩興好，晚輩天成律呂精。此夜交歡何所似，平平仄仄仄平平。

謝啓大委員禮讚

路險投艱俠士心。欲將利舌鬥崇岑。將非作是人皆佞，點白爲烏理久沈。謀道從來身不計。敢言尋已譽難禁。莫嫌犖确坡頭路，更發鏗鏘醒世音。

附・歐陽炯伯元教授以謝啓大委員禮讚詩見示敬步原韻奉和

濟弱催凶本素心。芟荊薙棘踐危岑。安能四海長清晏，忍見三臺瀕陸沈。俠氣無疇人共譽，孤身敵衆憤難禁。法曹烏府甘從惡，振聵惟君空谷音。

註① 炯陽住院，喉頭發熱，氣喘不已，須含冰鎮熱，始能止喘，故第三句云然。

註② 卡爾葛萊爲加拿大阿爾伯他省新興城市，市街整齊，嘗爲冬季奧運會場，四週草原曠野，與天相連，牛羊成群，氣象萬千，每一見之，令余思及陰山下之敕勒川，覺有以比擬者也。

註③　愛蒙頓爲加拿大阿爾伯他省省會，據云購物市場爲北美最爲廣大者。

伯元吟草・香江煙雨集序

歲壬戌秋，伯元陳君來香港浸會學院講學一年，秩滿，復歸臺北，彙一年所作詩詞爲《香江煙雨集》，屬余爲序。君籍贛縣，余籍清江，誼爲江西同鄉，往余賈遊贛城近兩紀，挹贛南先賢陽孝本、曾茶山之遺風，與贛城詩人謝遠涵、周蔚生、寥夢蘭、袁盛沂、程伯臧、高巨瑗、盧貞木、劉太希、賴靜虛、陳昆生諸老結爲詩社，蘭臭同心。今此一年，又與君海上同寅，談經同舍，復同耽吟詠，同在香江煙雨中，爲唱和之詩友，於君此集，不惟佩其聲華，亦同其興象與興會，固宜樂而爲之序也。

吾江西詩，盛於兩宋，至元明而稍衰，明末清初乃有寧都之魏、鉛山之蔣，淸末民初乃有義寧之陳、萍鄉之文、新建之夏以振起之。至近三十年，播遷海嶠，則有彭醇士、劉太希、易大德、胡鈍俞、楊雪齋、涂公遂諸老，皆能扢揚風雅，爲海上詩壇之主盟，而君少壯英發，正足爲江西詩派延續其流衍，播揚其餘烈。計此一年中，君在浸會學院鳴金戛玉，日宏大聲，余雖老朽，亦向風而鼓舞，作應聲之追陪。君詩即景生情，遊方之外，遺形寫意，筆墨淋漓，而香江山海樓臺四時成歲之地，則正在煙雨迷離之中，君爲繪聲繪影，爲謠爲歌，使人讀之，如對桃花源詩，低徊往復於往跡未淹之前，神界既敞之後，詠歎三復，而不能自已。則此集之必傳，可以斷言，而今後江西詩之延續，亦匪伊異人望，惟君勉而當之矣。

癸亥十二月何敬群遯翁益智仁室寫

伯元吟草・香江煙雨集序

近世科學昌明，新學日益，而吟詠之事不爲學者重，亦勢爲之也。吾友伯元執敎上庠，精研音韻，歷二十餘載，所成就者，固犖犖可觀，然伯元性豪嗜酒，酒酣則一卷在手，咿唔歌嘯，夜分忘倦，於是搦翰寫詩，以宣導積鬱，意甚自得，頃年同仁結停雲社以聯吟，所督課者益嚴，蛤蜊嘗新，掩蘇黃之奇趣；山川寄興，比陶謝之風流。或者舞雩儕輩，亦皆持其性情，比物連類，咀華含英，詩歌非一己之陶情，乃興怨於群居之縱化，怡然以樂夫天命，蓋可知矣。

此一卷《香江煙雨集》，皆伯元客歲留港都講餘暇之所作，師友之誼，展卷慨然，而栖栖海角，又不勝神州陸沈之戚矣。憶民初新學學人，多能留心翰墨，發爲吟詠，主溫厚而長風俗，則吾伯元其亦有深意耶！

中華民國七十四年清明節

雨盦汪中書於臺北海棠花館之寓齋

伯元吟草·香江煙雨集序

乙卯春，余始以詩獲交於陳伯元教授，過從數載，情好益密，乃知其所蘊者富，固非獨能詩已也。伯元古虔州人，體貌清臞，望之穆然，而性情淳厚，其爲人操履堅貞，磊落洞達，洵敦品篤行之士也。君早歲從先師瑞安林景伊先生治聲韻，飫聞其緒論，辨析精微，間亦旁涉《詩經》、《文選》之學，皆能精研覃思，闡幽抉隱，故甫逾冠齡，即以積學精醇爲上庠講席，一時師友，罔不交口推服，迄今猶孜孜於蒐獵群籍，穿穴疏註，固未嘗一日稍廢，眞積力久，自樹益高，所著《古音學發微》、《音略證補》等書，久已飲譽儒林，生徒誦之皆遍。近十年君肆力爲詩，而用情之摶，弗能自遏，每得新篇，必馳函索余賡和，一韻或疊至十數首不止，偶過夜譚，瀹茗論詩，輒覼縷不能自休，其詩大抵規模東坡，連類及於涪翁、遺山，而於坡詩尤所心醉，嘗手寫蘇集一過，日夕諷詠。比年復爲上庠諸生講授蘇詩，致力益廑，凡遇歧義，必繁徵博引，詳爲考訂，務期至當，涵濡既久，詩功日深。頃者，君裒輯其壬戌講學香江之作，將付鋟版，而屬爲數言以弁其端。

余謂詩者性情之事，積句成章，原在於攄發哀樂，聲調格法，不過藉以增飾歌詩之盛美耳。故成詩之漸，貴能棲心內運，以自達其情。余嘗讀青蓮集，如見其睥睨六合；誦少陵詩，如見其憂生憫亂。下逮荆公、放翁、誠齋諸家，亦莫不有性情面目存乎其間，固知本於情者，乃是眞詩。苟離情以言詩，徒斷斷于章句聲韻之末，則其詩必無足觀，可斷言也。伯元之詩，雖無排奡之奇，藻繪之麗，然壯懷慷慨，盪摩篇翰，眞情淳摯，一一流露于行墨間，無論其述懷之作，即與朋儕賡酬贈答，亦皆字字出於胸臆，絕無浮夸虛飾之弊，然則此非眞詩而何？世之但以雕章鏤句爲能事者，視君之作，當必有所感悟焉。余讀君詩既富，爰述其所服膺於君者以爲序。

中華民國七十四年歲次乙丑暮春

弟張夢機書于師橘堂